디자인 굿즈 클래스

초판 인쇄일 2022년 5월 20일
초판 발행일 2022년 5월 27일

지은이 에뚜알(이셋별)
발행인 박정모
등록번호 제9-295호
발행처 도서출판 혜지원
주소 (10881) 경기도 파주시 회동길 445-4(문발동 638) 302호
전화 031)955-9221~5 **팩스** 031)955-9220
홈페이지 www.hyejiwon.co.kr

기획·진행 박주미
디자인 김보리
영업마케팅 김준범, 서지영
ISBN 979-11-6764-014-7
정가 17,000원

Copyright © 2022 by 에뚜알(이셋별) All rights reserved.
No Part of this book may be reproduced or transmitted in any form,
by any means without the prior written permission on the publisher.

이 책은 저작권법에 의해 보호를 받는 저작물이므로 어떠한 형태의 무단 전재나 복제도 금합니다.
본문 중에 인용한 제품명은 각 개발사의 등록상표이며, 특허법과 저작권법 등에 의해 보호를 받고 있습니다.

에뚜알의  반짝반짝

디자인 굿즈 클래스

에뚜알(이셋별) 지음

혜지원

머리말

안녕하세요.
다꾸러가 다꾸러를 위해 만든 공간 '에뚜알의 세삐공방'을 운영하는 에뚜알입니다.
저는 디자인 전공으로 졸업 후 6년간의 회사 생활을 마치고 현재는 나만의 굿즈들을 제작하고 판매하는 작은 1인 브랜드를 운영하고 있습니다. 시작은 회사 생활을 하며 취미로 시작한 레진 공예였습니다. 그 당시 레진공예는 많이 대중화되지 않아 일본 작가님의 유튜브를 보며 독학하는 재미에 빠져 있었습니다.
레진공예가 재미있어서 자격증에도 도전하고 유튜브도 만들어 업로드하기 시작했고, 취미 삼아 한 개 두 개 만들어 주변 사람들에게 나눠 주다 보니 판매에 대한 호기심이 생겼습니다. 그렇게 '세삐공방'이 만들어지게 되었습니다. 그러나 사업을 활발하게 이어가지는 못했습니다. 다양한 취미를 좋아하지만 오랜 시간 꾸준히 이어가지 못했던 저는 호기롭게 만들었던 사업자 등록증을 방치하게 되었습니다.

시간이 지난 뒤 새로운 취미인 다이어리 꾸미기에 빠졌습니다. 아주 어릴 때부터 오리고 붙이고, 무언가를 꾸미는 걸 참 좋아했던 저는 그 어떤 취미보다 다이어리 꾸미기에 푹 빠졌던 것 같습니다. 그러다 보니 다른 사람들과 다이어리 꾸미기로 소통하고 싶다는 생각을 하게 되었고, 다꾸 계정인 '에뚜알'을 만들게 되었습니다.
다이어리 꾸미기를 하며 많은 스티커들을 사 모았지만 정작 제가 원하는 스타일이 없는 게 너무 아쉬웠습니다. 시각디자인을 전공하고 디자인 계열에 종사하고 있던 저는 '내가 만들어 볼까?' 하며 첫 스티커를 만들었습니다. 내가 쓰려고 만들었던 스티커였지만 종종 구매처 문의를 해 주시는 분들 덕분에 2017년 5월, 9명의 손님에게 처음 판매를 할 수 있었습니다.
다이어리 꾸미기용 굿즈들을 판매하기 시작하면서 기존에 사업자 등록을 해 둔 '세삐공방'과 '에뚜알'을 합쳐 '에뚜알의 세삐공방'을 운영하게 되었습니다. 처음 굿즈 사업을 시작할 때는 은어가 참 많은 다이어리 꾸미기 세계가 정말 어려웠습니다. 각각의 용어들이 어떤 뜻인지 검색해 가며 하나하나 찾아봐야 했고 그렇게 카페, 블로그 등 다양한 활동을 하며 정보를 모아 '에뚜알'을 성장시켰습니다.

1년 후 주변의 몇몇 친구들이 굿즈샵 창업에 도전하기 시작했습니다. 친구들이 굿즈샵 운영에 있어 궁금한 점들을 제게 질문해 왔고, 저는 굿즈 제작을 처음 시작하는 친구들에게 제가 겪어 온 모든 것들을 하나하나 알려 주었습니다. 그렇게 친구들도 자신의 브랜드를 성장시켜가는 모습을 보며 너무 뿌듯했고, '굿즈 제작을 처음 시작하는 다른 분들에게도 도움을 줄 수 있다면 얼마나 좋을까?'라는 생각을 하게 되었습니다.

이러한 생각을 하고 있을 때 즈음, 좋은 기회로 이 책을 집필하게 되었습니다. 제가 처음 에뚜알의 세삐공방을 시작할 때 느꼈던 어려움들을 새로 도전하시는 분들도 똑같이 느끼고 계실 것이라 생각합니다. 어려운 것이 많겠지만, 조금은 쉽게 갈 수 있도록 제가 길잡이가 되어 드리고 싶습니다. 새로 접하는 용어들, 프로그램 사용 방법, 제작은 어디서 하는지, 포장은 어떻게 하고 판매는 어디서 해야 하는지, 사업자 등록은 꼭 해야만 하는지 등등 하나부터 열까지 꼼꼼하게 도와드리겠습니다.

어느덧 에뚜알의 세삐공방을 시작한 지 6년차가 되었습니다. 이제는 정말 많은 굿즈샵 브랜드들이 생겨나고, 새롭게 도전하시는 분들도 많아졌습니다. 저는 전공자였지만, 비전공자여도 괜찮습니다. 차근차근 따라 하다 보면 어느새 나만의 브랜드가 만들어질 거예요. 너무 걱정하지 말고 자신감을 가지고 시작해 봅시다. 파이팅!

저자 에뚜알(이셋별)

머리말 ··· 4

 시작이 반!
준비하기

- **Class 1.** 굿즈 제작 과정 한눈에 보기 ················ 12
- **Class 2.** 사용하는 프로그램 소개 ···················· 14
  - (1) 일러스트레이터 ································ 15
  - (2) 포토샵 ·· 16
  - (3) 프로크리에이트 ································ 18
- **Class 3.** 인쇄에 대한 정보 ·························· 20
  - (1) RGB와 CMYK ································· 20
  - (2) 종이와 후가공 ································· 21

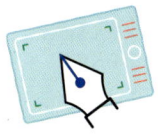

PART 2 · 나의 상상력을 굿즈로! 제작하기

> **Class 1.** 엽서 ·················· 28
>
> (1) 직접 찍은 사진으로 엽서 만들기 ·················· 28
>   • 더 알아보아요 • 도련이란? ·················· 29
> (2) 라인 드로잉으로 엽서 만들기 ·················· 37
>
> **Class 2.** 떡메모지 ·················· 47
>
> (1) 패턴 메모지 만들기 ·················· 47
>   • 더 알아보아요 • 오브젝트를 90도로 회전시키는 방법 ·················· 53
> (2) 체크 리스트 메모지 만들기 ·················· 55
>
> **Class 3.** 스티커 ·················· 62
>
> (1) 스티커 종류 ·················· 62
> (2) 나만의 캐릭터로 자유형 칼선 스티커 만들기 ·················· 64
> (3) 색연필 느낌의 그림으로 칼선 스티커 만들기 ·················· 82
> (4) 손글씨로 스티커 만들기 ·················· 96
> (5) 무료 폰트로 스티커 만들기 ·················· 105
> (6) 사진으로 판스티커 만들기 ·················· 115
> (7) 인쇄소 스티커 만들기 ·················· 119

Class 4. 기타 문구류 굿즈 ·················· 124

(1) 미니 달력 만들기 ·················· 124
(2) 마스킹 테이프 만들기 ·················· 134
(3) 노트패드 만들기 ·················· 141

Class 5. 리빙, 액세서리 굿즈 ·················· 148

(1) 불투명한 휴대폰 케이스 만들기 ·················· 148
(2) 투명한 휴대폰 케이스 만들기 ·················· 151
(3) 그립톡 만들기 ·················· 157
(4) 아크릴 키링 만들기 ·················· 163
• 더 알아보아요 • 디지털 디바이스용 굿즈 ·················· 173

PART 3 나도 이제 사장님! 판매하기

Class 1. 판매를 위한 준비 ·················· 178

(1) 사업자 등록 및 통신판매업 신고 ·················· 178
(2) 제작 업체 선정 방법과 업체 소개 ·················· 179
(3) 판매 채널 ·················· 181

▶ **Class 2.** 브랜드 이미지 만들기 ·················· **188**
   (1) 로고 만들기 ································· **189**
   (2) 제안서 만들기 ······························ **199**
   (3) 상세 페이지 만들기 ······················· **205**

▶ **Class 3.** 포장하기 ································ **208**
   (1) 포장 부자재 ································· **208**
   (2) 바코드와 품질 표시 ······················ **210**
   (3) 뒷대지 만들기 ····························· **211**
   (4) 포장 스티커 만들기 ······················· **214**

▶ **Class 4.** 홍보하기 ································ **218**
   (1) 인스타그램 ·································· **218**
   (2) 이벤트 ·· **221**
   (3) 유료 홍보 ··································· **222**

부록 – 굿즈 만들기에 자주 사용되는 단축키 ·············· **224**

Part 01

시작이 반!
준비하기

어디서부터 시작해야 할지 막막하고 버거웠던
'직접 만든 굿즈 판매'를 에뚜알과 같이 차근차근 준비해 봅시다.

Get ready!

- **Class 1.** 굿즈 제작 과정 한눈에 보기
- **Class 2.** 사용하는 프로그램 소개
- **Class 3.** 인쇄에 대한 정보

지금 바로 시작해 볼까?

굿즈 제작 과정 한눈에 보기

나만의 굿즈를 만들고 판매까지 하기 위해서는 준비해야 할 것들이 몇 가지 있습니다.
굿즈를 만드는 과정이나 사용하는 프로그램, 인쇄에 대한 정보들을 하나씩 배워 봅시다.

1 굿즈 종류와 업체 선정

스티커, 메모지, 폰 케이스 등 다양한 굿즈들 중 내가 만들고자 하는 굿즈의 종류를 정합니다. 굿즈의 종류가 정해지면 업체를 선정합니다. 이때, 업체별로 주문이 가능한 최소 수량, 단가, 취급하는 재질, 제작 기간 등 다양한 부분을 비교하여 나의 상황에 맞게 업체를 선정합니다.

TIP : 제작 수량이 높을수록 단가는 낮아집니다. 단가가 비싸지만 최소 수량이 1개도 가능한 곳에서 샘플을 제작한 후 비교적 단가가 낮고 수량을 높인 업체에서 작업하는 것도 좋은 방법입니다.

2 디자인 제작 시 주의 사항 확인

제작 업체와 굿즈의 종류에 따라 재단 밀림으로 인한 여백, 칼선 간격, 후가공 표시 등 다양한 주의 사항이 있습니다. 제작 전 반드시 확인합니다. 이로 인해 내가 생각한 방향의 디자인이 제작 불가능한 경우가 있을 수 있습니다.

또, 업체의 작업 환경마다 인쇄 컬러가 다르게 나올 수 있습니다. 이를 확인하기 위해서는 제작 샘플 또는 컬러 샘플북을 받아 보는 것을 추천합니다.

3 디자인 파일 제작

업체에서 제공하는 템플릿을 다운로드하거나 직접 템플릿을 생성합니다. 주의 사항을 확인하며 미리 구상한 굿즈 디자인을 완성합니다.

6 검수 및 포장

인쇄 오류, 종이의 상태, 칼선의 밀림 등 파본을 검수한 후 제품을 포장합니다. 이때, 업체의 과실로 인한 파본임이 드러나면 재작업을 요구합니다.

TIP : 업체에 따라 파본을 감안해 주문한 수량보다 더 많이 제작해 주는 경우도 있습니다.

5 굿즈 제작

굿즈의 종류, 업체, 제작 수량에 따라 제작 기간은 다릅니다. 짧게는 당일 제작도 가능하고 길게는 한 달 정도 소요되기도 합니다. 제작 기간을 업체에 미리 확인하여 판매 일정 관리를 합니다.

4 파일 업로드 및 주문

파일을 업로드하기 전 출력해서 색감, 실제 굿즈의 크기 등을 체크합니다. 글자가 들어가는 디자인의 경우 폰트가 깨지지 않도록 반드시 아웃라인 처리를 합니다.
업체에서 요구하는 프로그램 버전에 맞춰 저장 후 업로드합니다.

TIP : 시안 요청이 가능한 업체의 경우 시안을 요청한 후 한 번 더 확인하면 안전합니다.

사용하는 프로그램 소개

굿즈를 제작하는 데에는 일러스트레이터(Adobe Illustrator)와 포토샵(Adobe Photoshop) 프로그램을 사용하며, 아이패드 앱인 프로크리에이트(Procreate)를 사용한 작업 또한 많습니다. 이는 본인의 작업 환경에 따라 주된 작업 프로그램을 선정하면 됩니다. 일러스트레이터와 포토샵의 경우, 책에서는 한글 버전을 기준으로 알려 드립니다.

벡터   비트맵

PC 프로그램인 일러스트레이터와 포토샵은 각각 벡터 방식과 비트맵 방식으로 기본적인 이미지화 방식이 다릅니다. 벡터는 점과 점을 이어주는 선으로 만드는 그래픽이며 이미지 확대 시 매끄럽게 보입니다. 일러스트레이터는 벡터 이미지 방식이기 때문에 일러스트레이터에서 작업한 도안은 크기를 자유롭게 수정해도 인쇄에 지장이 없습니다.

비트맵은 픽셀이라는 작은 점 단위로 이루어져 있으며 이미지를 확대했을 때 매끄럽지 못하고 깨져 보입니다. 포토샵은 픽셀 이미지 방식인데, 이러한 이유 때문에 포토샵에서 도안을 작업하는 경우 인쇄물의 크기 수정이 어렵습니다.

일러스트레이터와 포토샵 프로그램은 서로 호환이 가능합니다. 때문에 각 프로그램에서 작업한 내용을 두 프로그램을 오가며 복사하고 붙여 넣을 수 있습니다. 프로그램의 기능은 굿즈 제작 시 가장 많이 쓰이는 핵심 기능들을 위주로 알려 드리며 더 다양한 기능들은 심화 과정을 공부하는 것을 추천해 드립니다.

1 일러스트레이터

확대 시에도 매끄럽고 수정이 편리한 벡터 방식의 일러스트레이터는 깔끔한 느낌의 로고, 일러스트, 템플릿 같은 도식 이미지를 만들 때 사용합니다. 굿즈 만들기에서는 템플릿과 칼선 제작, 손글씨 편집, 캐릭터 이미지의 벡터화를 할 때 자주 사용합니다.

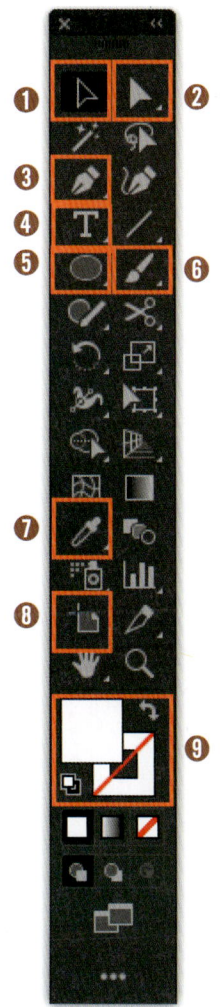

❶ 선택 도구 : 오브젝트를 선택하고 크기를 조정할 때, 오브젝트를 회전시키거나 옮길 때 사용합니다.
❷ 직접 선택 도구 : 일부 오브젝트를 선택하거나, 앵커포인트와 세그먼트를 선택할 때 사용합니다.
❸ 펜 도구 : 오브젝트를 그리는 가장 기본적인 툴. 일러스트레이터에서 가장 많이 사용합니다.
❹ 문자 도구 : 글자를 입력합니다.
❺ 도형 도구 : 다양한 도형을 그립니다.
❻ 브러시 도구 : 붓처럼 선으로 패스를 그립니다.
❼ 스포이드 도구 : 오브젝트에 적용된 서체와 글자 크기, 오브젝트의 컬러와 선 두께, 효과 등 다양한 속성을 추출해 다른 오브젝트에 적용할 수 있게 해 줍니다.
❽ 대지 도구 : 아트보드의 크기와 페이지 수 등 아트보드 서식을 설정합니다.
❾ 칠과 선 : 더블 클릭하여 면과 선의 색을 설정합니다.

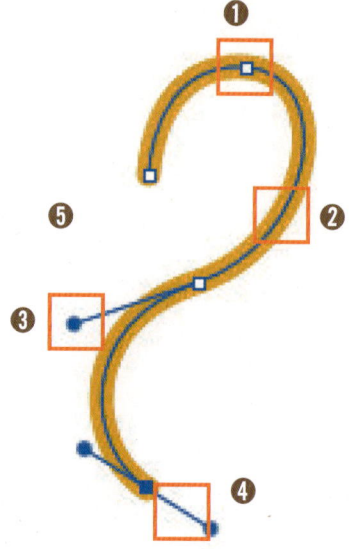

❶ 앵커포인트(고정점) : 패스를 고정하는 기준이 되는 점
❷ 세그먼트 : 두 개의 앵커포인트를 연결한 선
❸ 핸들포인트 : 핸들 끝에서 방향선을 조절할 수 있는 점
❹ 핸들 : 세그먼트의 기울기와 곡선의 형태를 조절하는 선
❺ 패스 : 이어진 앵커포인트와 세그먼트 전체

② 포토샵

　사진의 색감을 보정하거나 이미지를 변형할 때 주로 사용하는 포토샵은 브러시를 이용한 캐릭터, 만화, 게임 그래픽 작업 등 섬세한 작업을 할 때도 사용합니다.
　굿즈 만들기에서 포토샵은 브러시로 캐릭터를 그려 도안을 만들거나 프로크리에이트에서 작업한 도안을 가져와 수정할 때 사용합니다. 확대를 하면 이미지가 깨지는 픽셀 방식이기 때문에 완성된 도안의 크기 수정은 어렵습니다.

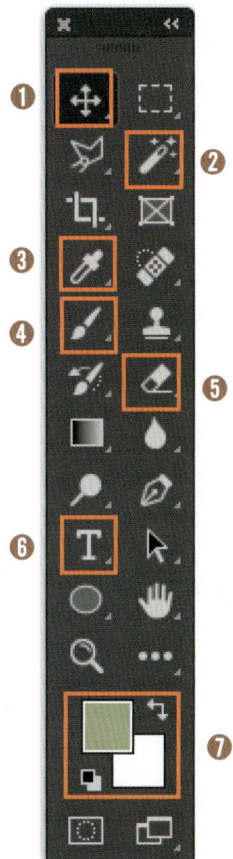

❶ 이동 도구 : 선택한 이미지 또는 레이어를 이동시킵니다.
❷ 자동 선택 도구(마술봉) : 비슷한 색상 영역을 자동으로 선택합니다.
❸ 스포이드 도구 : 선택한 지점의 색상을 추출합니다.
❹ 브러시 도구 : 브러시로 패스를 자유롭게 그립니다.
❺ 지우개 도구 : 이미지를 지웁니다.
❻ 문자 도구 : 글자를 입력합니다.
❼ 전경색과 배경색 : 더블 클릭하여 전경색과 배경색을 설정합니다.

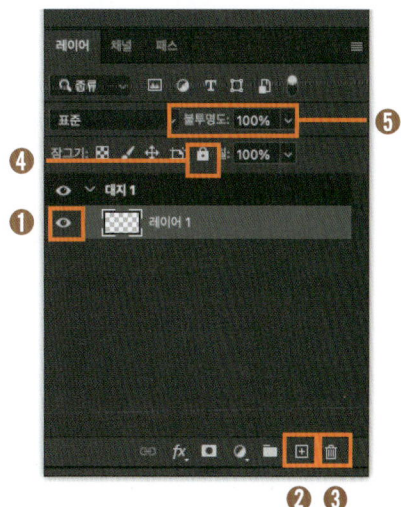

❶ 레이어의 가시성. 눈 아이콘을 끄면 레이어가 가려집니다.
❷ 선택된 레이어 위로 레이어 추가
❸ 선택된 레이어 삭제
❹ 선택된 레이어 잠금
❺ 선택된 레이어의 투명도를 조절

레이어의 원리

레이어(Layer)는 층, 겹을 뜻하는 단어로, 디지털 드로잉에서 중요한 개념입니다. 레이어는 작업에 사용하는 이미지와 텍스트 등을 여러 층으로 쌓아 각각을 개별적으로 수정하고 변경할 수 있게 해 줍니다. 이미지 편집 작업이나 브러시를 이용한 도안 제작에 주로 사용되며 보통 작업 스타일에 따라 레이어 사용이 선택적인 일러스트레이터와 달리 포토샵과 프로크리에이트는 레이어 사용이 필수입니다.

 TIP : 일러스트레이터와 포토샵 프로그램은 어도비 홈페이지(www.adobe.com/kr)에서 정기 결제로 구입 및 다운로드가 가능합니다. 구매하기 전 무료 체험판을 7일간 사용할 수 있습니다.

3 프로크리에이트

태블릿 PC의 사용자가 많아진 요즘, 프로크리에이트로 작업하는 사람들도 늘어나고 있습니다. 프로크리에이트는 아이패드 전용 유료 앱이지만, 정기 결제가 아닌 구입 후 계속 이용 가능한 방식입니다. 굿즈 만들기에서 캐릭터 작업을 할 때 포토샵과 태블릿을 이용하여 캐릭터를 그리면 퀄리티 높은 작업이 가능합니다. 하지만 포토샵의 기능이 익숙하지 않거나 태블릿이 없는 경우 프로크리에이트 작업을 추천합니다.

프로크리에이트는 직관적인 인터페이스 덕분에 배우기가 쉬우며 휴대가 가능해 어디서나 자유롭게 작업이 가능하다는 장점이 있습니다. 또한 PSD 파일로 저장이 가능하여 포토샵과 작업 호환이 용이합니다. 하지만 프로크리에이트는 아이패드에서만 사용이 가능해 고가의 아이패드를 구매해야 한다는 큰 단점이 있습니다.

굿즈 만들기에서 프로크리에이트는 보통 도안을 그리는 용도로 많이 사용합니다. 이전에는 RGB 모드만 지원했지만 현재는 CMYK 모드를 지원해 굿즈를 제작하는 데 더욱 편리해졌습니다.

❶ 동작 : 사진을 추가하거나 캔버스를 조정하고, 완성된 작업물을 PSD(포토샵) 파일로 저장합니다.
❷ 선택 : 위치나 크기 조정을 원하는 오브젝트를 선택합니다.
❸ 브러시 : 자유롭게 그림을 그립니다.
❹ 지우개 : 이미지를 지웁니다.
❺ 레이어 : 포토샵의 레이어 패널과 동일한 툴로 레이어 추가, 삭제 등 레이어 설정이 가능합니다.
❻ 색상 : 원하는 색상을 선택하거나 팔레트를 저장합니다.
❼ 브러시 크기 조절 : 브러시의 굵기를 조절합니다.
❽ 스포이드 : 선택한 지점의 색상을 추출합니다.
❾ 브러시 불투명도 : 브러시의 투명도를 조절합니다.

프로크리에이트는 포토샵과 같이 픽셀 방식으로 이미지의 크기 수정 시 작업물이 깨질 수 있으니 실제 도안과 같은 사이즈의 캔버스에 작업을 하거나 더 큰 사이즈의 캔버스에 작업해야 합니다. 프로크리에이트가 필요한 작업은 포토샵에서 동일하게 가능하므로 프로크리에이트는 반드시 필요한 프로그램은 아닙니다. 본인의 작업 환경을 고려한 후 구매를 권장합니다.

인쇄에 대한 정보

인쇄를 하기 전 색상 모드, 종이의 재질 및 후가공 등 알아야 하는 기본 정보들이 있습니다. 이러한 정보들을 토대로 굿즈 제작 시 굿즈의 퀄리티를 높일 수 있습니다.

1 RGB와 CMYK

색상 모드는 인쇄 작업을 하기 전 가장 기본적으로 알고 있어야 하는 정보입니다. 우리가 사용하는 두 가지의 색상 모드인 RGB와 CMYK는 큰 차이점이 있습니다. 이로 인해 인쇄 결과물의 색상이 모니터 작업과 다르게 나올 수도 있습니다.

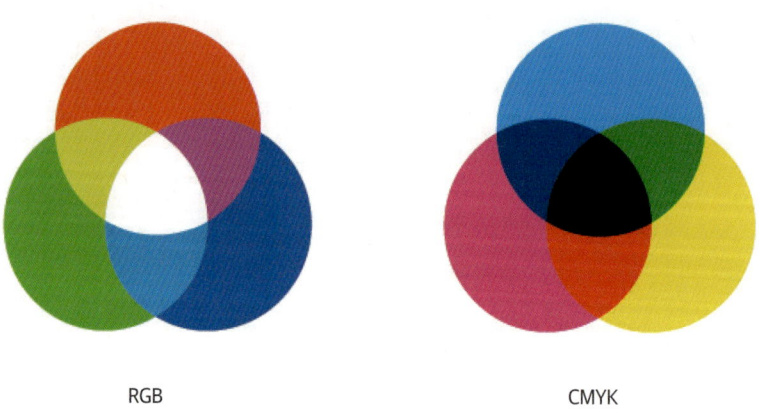

RGB   CMYK

RGB

빛의 삼원색이라고 불리는 RGB는 Red, Green, Blue의 조합으로 색을 섞을수록 밝아지며 모두 섞으면 흰색이 됩니다. 웹툰, 애니메이션, 상세 페이지 등 화면상에서 보이는 디지털 이미지가 최종 결과물이 되는 경우 RGB로 작업합니다.

CMYK

CMYK는 색(잉크)의 삼원색이라고 불리는 Cyan, Magenta, Yellow와 K(black)의 조합으로, 색을 섞을수록 어두워지며 모두 섞으면 검은색이 됩니다. 우리가 작업하게 될 굿즈류 등의 인쇄에 사용하는 색상 모드입니다. 화면상에서 밝고 채도가 높은 RGB 색상 모드로 작업을 했지만 인쇄 결과물에서는 색상이 탁하고 어두워지는 경우가 이와 같은 차이로 인해 나타나는 현상입니다.

또한 인쇄에 사용하는 CMYK 모드로 작업을 한 후 인쇄를 하더라도 화면상에서 보이는 색상과 인쇄된 색상의 차이가 나타나는 경우도 있습니다. 이는 종이의 재질, 인쇄 기계의 특성 등 작업 환경에 따라 나타나는 차이입니다. 이러한 오차를 줄이기 위해서는 업체에서 제공하는 컬러 샘플북이나 시중에 판매되는 컬러 차트북 등을 확인하는 것이 좋습니다.

 TIP : 만약 소량 제작이 가능한 업체라면 자신이 자주 사용하는 컬러 차트를 샘플로 인쇄해서 참고하시면 좋습니다.

2 종이와 후가공

굿즈를 제작할 때 종이와 후가공에 따라 작업물의 느낌이 달라질 수 있습니다. 종이의 종류와 후가공별 특징을 미리 파악해 두고 제작하고자 하는 굿즈에 맞는 종이와 후가공을 선택해야 합니다.

기본 용지

- **아트지** : 일반적인 인쇄물에 가장 많이 쓰이는 재질입니다. 종이 표면에 광택이 있어 인쇄 시 밝은 느낌을 낼 수 있습니다.

- **스노우지** : 아트지와 마찬가지로 일반적인 인쇄물에 가장 많이 쓰이는 재질입니다. 종이 표면에 광택이 없어 인쇄 시 차분한 느낌을 낼 수 있습니다.

- **모조지** : 백색모조와 미색모조로 나뉘며 복사용지로 많이 사용하는 용지입니다. 표면에 광택이 없고 필기용, 책 내지 인쇄용으로 적합한 재질입니다.

- **랑데뷰** : 표면에 자연스러운 광택이 있는 고급 재질로 표면이 부드럽고 인쇄 후 자연스러운 느낌을 낼 수 있습니다.

- **띤또레또** : 부드러운 물결무늬가 있는 고급 용지입니다. 종이 자체에 질감이 있어, 고급스러운 느낌을 주며 색상이 잘 표현됩니다.
- **반누보** : 광택이 없는 고급 재질로 인쇄 후 컬러 구현력이 좋아 고급 인쇄물 제작 시 많이 사용합니다.
- **크라프트지** : 갈색의 내추럴한 소재로 핸드메이드 등 친근하고 따뜻한 느낌을 내는 데 좋습니다.

스티커 용지

- **유포지** : 합성지로 얇고 부드러우며 찢어지지 않고 물에 젖지 않습니다.
- **아트지** : 백색 용지로 색상 구현력이 뛰어나고 저렴하여 가장 많이 이용되는 일반 용지입니다. 코팅을 하지 않으면 잘 찢어집니다.
- **리무버블** : 스티커를 붙였다 떼어낼 때 끈적임 없이 깨끗하게 떨어지고 다시 붙일 수 있습니다.
- **모조지** : 백색도가 뛰어나며 복사 용지와 비슷한 재질입니다. 전산지 및 전산 라벨, 문구류, 교재 인덱스용으로 사용하는 용지입니다.
- **투명지** : 투명 비닐 원단입니다. 내부가 투명하게 보여 다양한 용도로 사용 가능합니다.

후가공

- **타공** : 인쇄물에 구멍을 뚫는 가공입니다.
- **귀도리** : 모서리를 둥글게 재단하는 가공입니다.

- **코팅** : 인쇄면을 보호하고 잘 찢어지지 않게 하는 가공이며, 코팅의 종류에 따라 다양한 효과를 낼 수 있습니다. 홀로그램, 별코팅 등 업체별로 다양한 코팅들이 있지만, 보편적으로 무광과 유광 코팅을 많이 사용합니다.

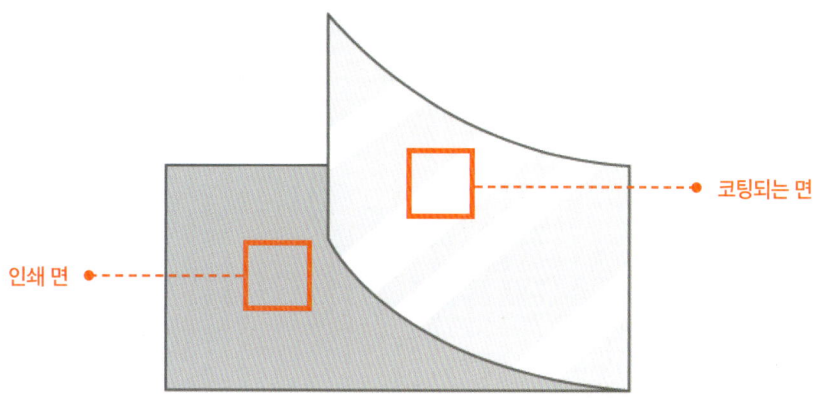

- **화이트 인쇄** : 투명 용지에 인쇄한 작업물의 컬러를 선명하게 보이게 하거나 백색으로 이미지를 표현하고자 할 때 사용합니다.

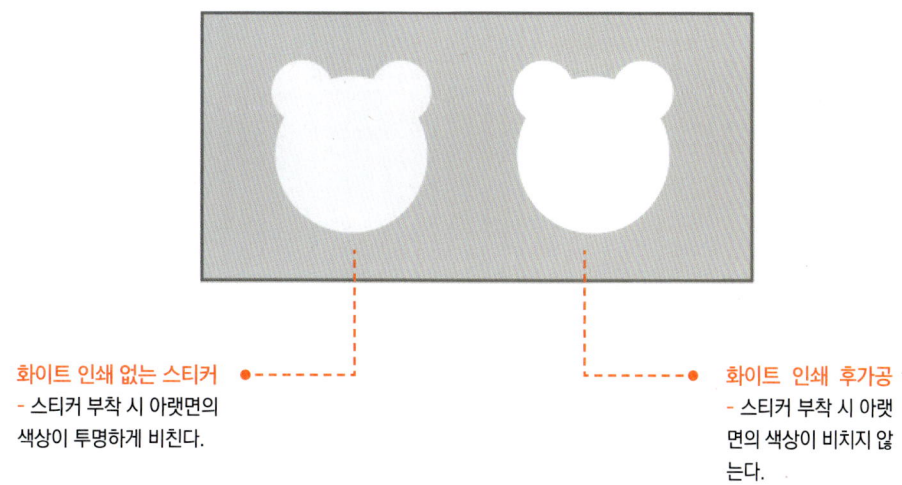

- **형압** : 원하는 모양을 금형으로 눌러 튀어나오거나 들어가게 만드는 가공입니다.
- **박** : CMYK나 별색으로 인쇄하지 않고 박지로 색을 입히는 가공입니다.

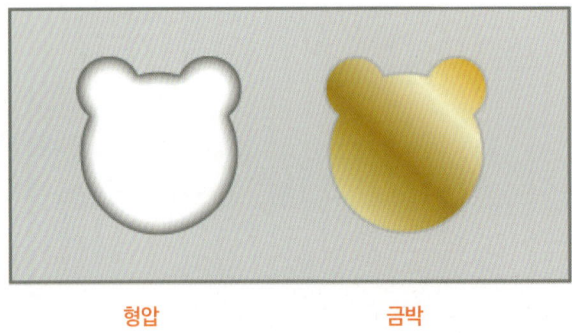

형압 　　　　　 금박

- **오시** : 누름선이라고도 하며 인쇄물을 잘 접을 수 있도록 종이를 눌러 자국을 내는 가공입니다.
- **접지** : 인쇄물을 수직이나 수평으로 접어 주는 가공입니다.
- **미싱** : 종이에 점선으로 칼집을 내 해당 부분을 분리하기 쉽게 만드는 가공입니다.

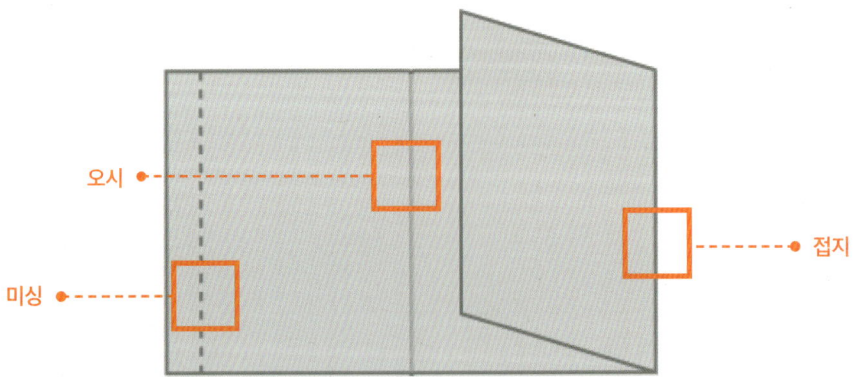

종이의 종류와 후가공은 제작 업체별로 조금씩 다르게 적용됩니다. 제작 업체별 가이드를 꼼꼼히 확인하시고 종이 샘플 요청이 가능한 업체가 있다면 샘플을 받아 보는 것도 좋은 방법입니다.

Let's try it!

Part 02
나의 상상력을 굿즈로!
제작하기

다양한 방법으로 굿즈를 제작할 수 있게 도와드릴게요.

Making goods

- **Class 1.** 엽서
- **Class 2.** 떡메모지
- **Class 3.** 스티커
- **Class 4.** 기타 문구류 굿즈
- **Class 5.** 리빙, 액세서리 굿즈

엽서

엽서는 제작 단가가 저렴하고 제작 수량의 부담이 적은 굿즈입니다.
엽서는 기본적으로 편지를 쓰는 용도이나 요즘은 인테리어용 또는 소장용으로 더 많이 사용되고 있습니다.
이러한 용도도 참고하여 어떤 부분에 초점을 맞춰 디자인할 것인지 생각합니다.

1 직접 찍은 사진으로 엽서 만들기

그림을 그리는 게 어려우신 분들은 직접 찍은 사진을 이용해서도 굿즈를 만들 수 있습니다. 사진에도 저작권이 있기 때문에 꼭 직접 찍은 사진 또는 무료 이미지를 사용하여 만들어야 합니다.

일반적으로 가장 많이 사용하는 엽서 사이즈는 150x100(mm)입니다. 하지만 정해진 규격으로만 제작해야 하는 것은 아니고, 다양한 규격으로 제작이 가능하니 색다른 규격으로 디자인해 보는 것도 추천합니다.

기본 규격이 아닌 작은 명함 사이즈의 엽서

01 일러스트레이터에서 150x100(mm) 사이즈로 아트보드를 2개 생성합니다. 사방에 도련을 2mm씩 설정해 줍니다. 2개를 생성하는 이유는 엽서의 앞뒷면을 디자인하기 때문입니다. 색상 모드는 CMYK, 해상도는 300ppi로 설정합니다.

TIP : ppi(pixels per inch)는 해상도를 나타내는 단위로 가로와 세로가 각각 1인치인 정사각형 안에 들어가는 픽셀의 수를 뜻하며, 300ppi의 경우 1인치의 정사각형 안에 300개의 픽셀이 들어간다는 것을 의미합니다. 선명한 출력을 하기 위해 픽셀이 촘촘한 300ppi를 사용하는 것입니다. 인쇄 출력물은 300ppi로, 디지털 출력물의 경우는 72ppi로 설정합니다. ppi는 인쇄 해상도 단위인 dpi(dot per inch)와 자주 혼용됩니다. dpi는 가로, 세로 각각 1인치인 정사각형 안에 들어가는 점의 수를 뜻하며, ppi와 동일하게 설정해도 문제가 없습니다.

더 알아보아요
도련이란?

실제 작업되는 부분이 아닌 작업 영역 밖의 임의의 선입니다. 도련선에 맞춰 작업을 하면 인쇄 공정상 밀림 현상으로 인한 파본을 방지할 수 있습니다. 도련에 작업된 부분은 잘려 나가는 부분이므로 보통 배경 디자인이 들어가는 굿즈에서 사용합니다.

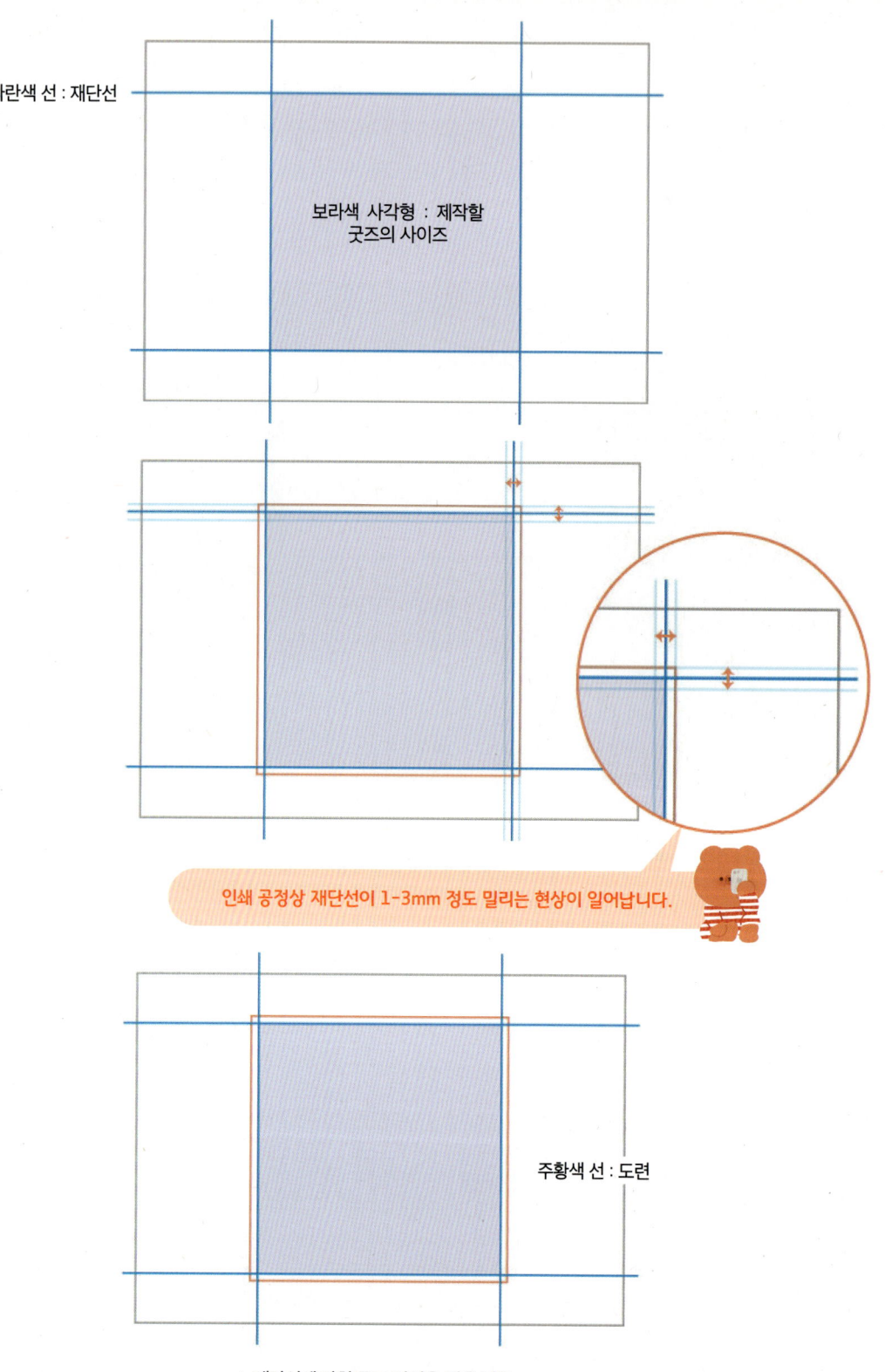

▲ 재단선에 맞춰 굿즈 작업을 했을 경우

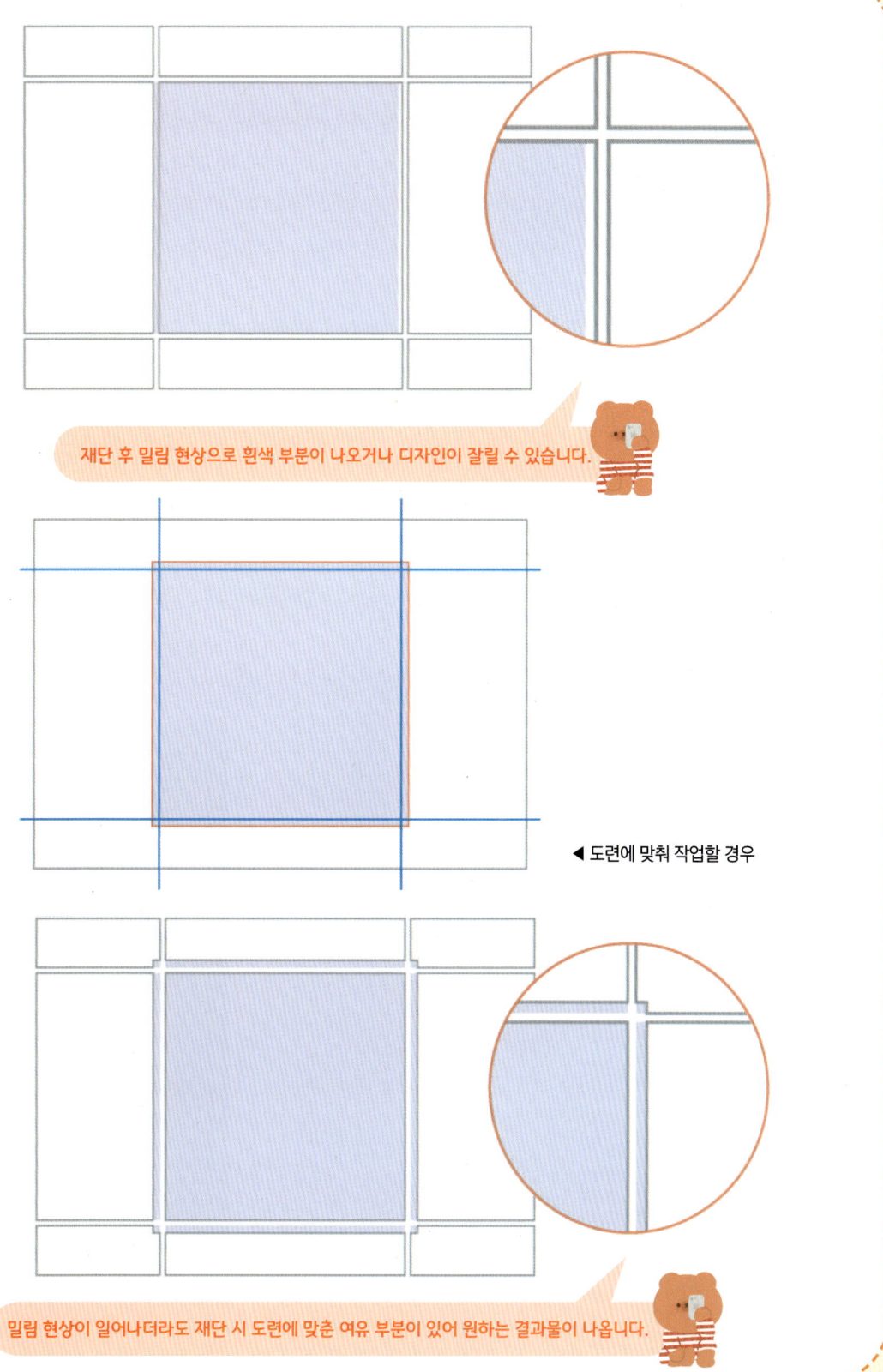

02 [파일] > [가져오기]를 통해 엽서로 만들 사진을 불러옵니다. 일반적으로 이미지를 불러올 경우 링크된 이미지로 불러와집니다. 이 경우 링크된 이미지의 원본이 삭제되거나 이미지를 원본 폴더에서 이동하면 일러스트레이터에서 유실된 이미지로 인식합니다. 이를 방지하려면 이미지를 '포함된 이미지'로 변경해 줘야 합니다. 왼쪽 사진과 같이 이미지를 선택했을 때 X표시가 나타나는 경우가 링크된 이미지입니다.

03 불러온 이미지를 포함된 이미지로 변경하기 위해 선택 도구로 이미지를 선택한 후 속성 패널에서 포함을 선택합니다.

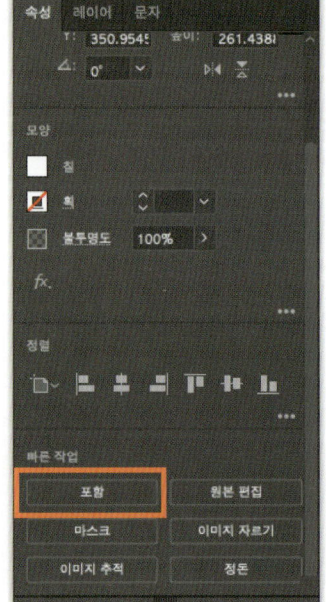

속성 패널이 보이지 않을 경우 [윈도우] > [속성]을 클릭해 속성 패널을 열 수 있습니다.

04 사진의 사이즈를 아트보드보다 크게 조절해 엽서에 맞춥니다.

05 아트보드와 도련을 포함한 크기인 154X104(mm) 사이즈의 사각형을 만듭니다.

06 정렬 대상을 '대지에 정렬'로 설정하고 만들어진 사각형을 가운데로 정렬합니다.

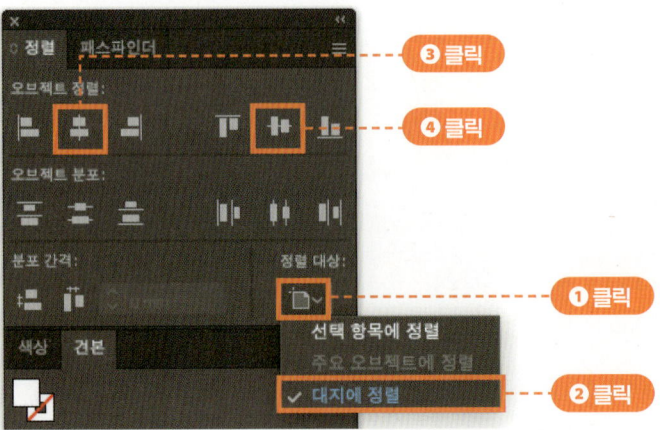

07 선택 도구를 사용해 정렬된 사각형과 사진 이미지를 같이 선택한 후 [오브젝트] > [클리핑 마스크] > [만들기]로 클리핑 마스크를 만들어 줍니다.

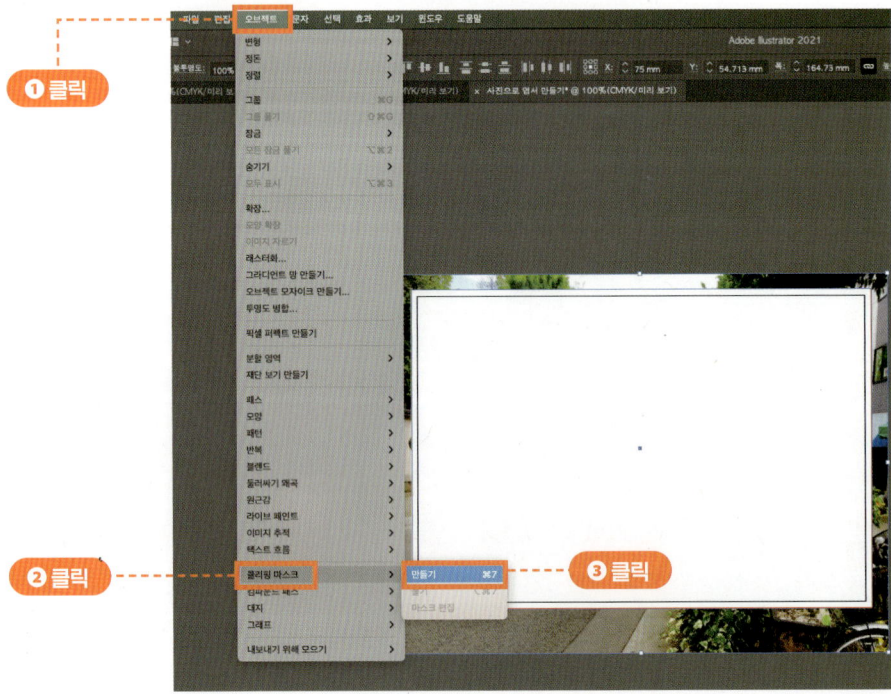

08 클리핑 마스크가 만들어지면 사진 이미지가 엽서 여백 사이즈까지 딱 맞춰집니다. 이미지를 여백까지 꽉 채워 맞춰야 인쇄 작업 시 밀림으로 인한 이미지 잘림 현상을 방지할 수 있습니다.

09 뒷면을 디자인합니다. 옅은 브라운 컬러로 도련 사이즈에 맞춰 사각형을 만듭니다.

10 뒷면 하단 중앙에 작은 로고를 넣어서 마무리하면 직접 찍은 사진으로 만든 엽서가 완성됩니다.

2 라인 드로잉으로 엽서 만들기

인테리어용으로 많이 구매하는 엽서를 라인 드로잉으로 디자인한다면 유니크함이 더해집니다. 라인 드로잉을 활용하면 개인 캐릭터가 따로 없어도 굿즈를 만들 수 있어 쉽게 제작할 수 있습니다.

01 라인 드로잉 엽서는 프로크리에이트에서 100x100(mm) 정사각 사이즈로 제작하려고 합니다. 사방 여백 2mm를 포함한 104x104(mm) 사이즈의 새로운 캔버스를 추가합니다. 이때 색상 프로필은 CMYK로, DPI는 300으로 설정합니다.

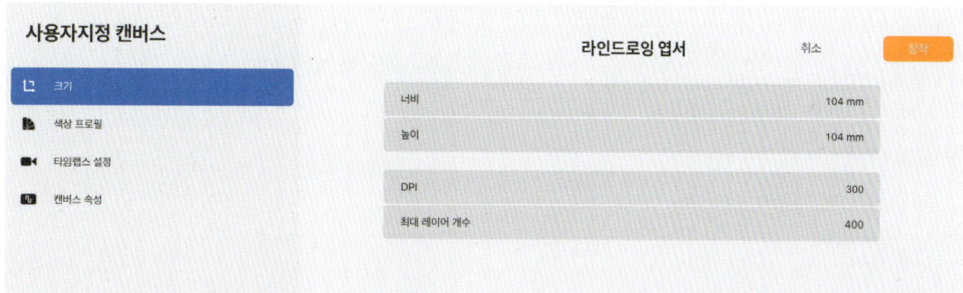

02 [동작] > [추가] > [사진 삽입하기]로 사용할 사진을 불러옵니다. 사진은 직접 찍은 사진이나 저작권 무료 사진을 사용해야 합니다.

03 사진을 불러오면 캔버스와 사이즈가 맞지 않게 불러와집니다. 사진에서 라인 드로잉을 할 부분이 캔버스에 맞춰지도록 크기를 조절합니다.

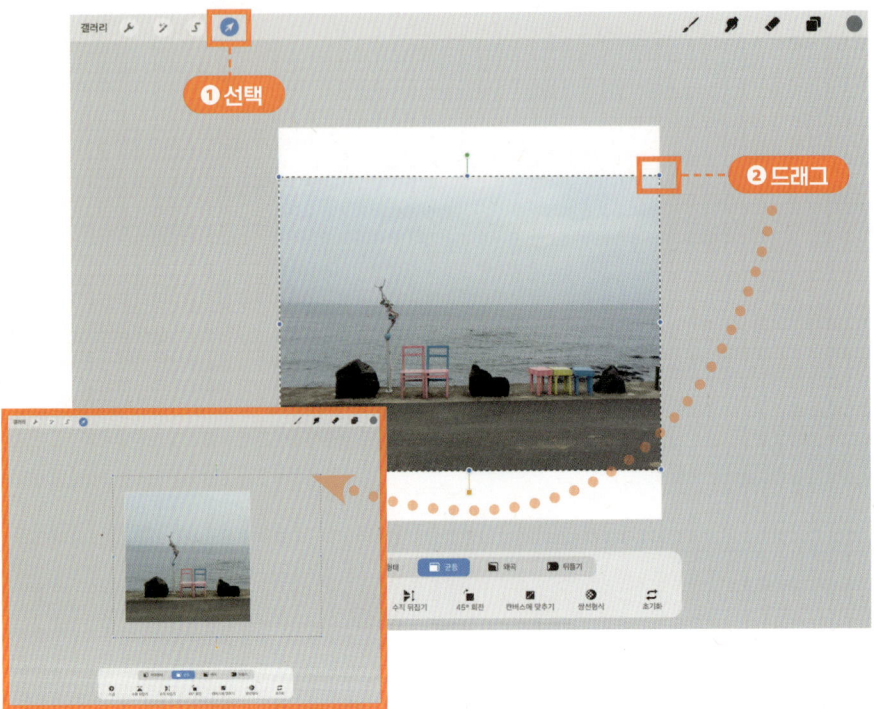

04 불러온 사진 레이어 위에 새 레이어를 추가합니다. 이 레이어에 라인 드로잉을 할 것입니다.

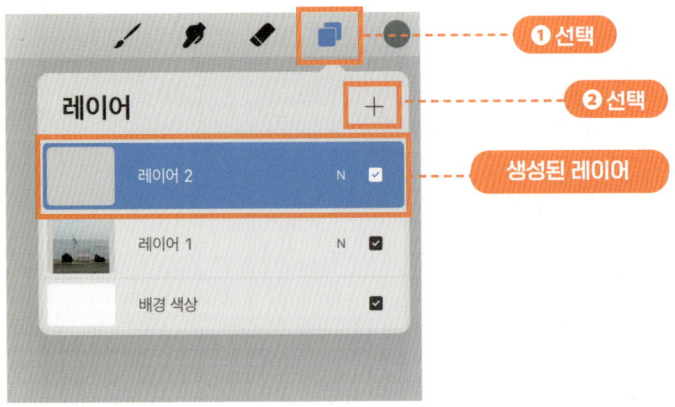

05 사진이 어두울 경우 흰색에 가까운 밝은 색을, 사진이 밝을 경우 검정이나 빨강과 같은 어두운 색을 선택한 후 원하는 브러시 모양을 선택합니다.

06 새로 생성한 레이어 위에 사진을 따라 라인 드로잉합니다. 이때 너무 자세하게 다 그리기보다는 적당히 생략하며 따라 그립니다.

07 그림을 다 그린 후 사진 레이어(레이어 1)를 숨겨 줍니다.

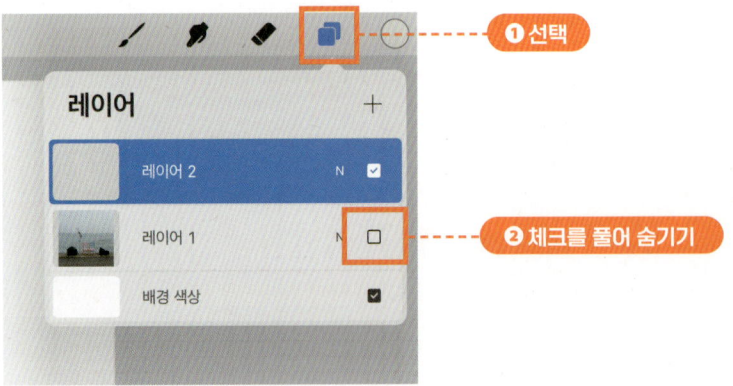

08 그림을 그렸던 선의 색을 변경하겠습니다. 우선 라인 드로잉 레이어(레이어 2)를 선택한 후 알파 채널 잠금을 체크합니다. 알파 채널 잠금이 설정되면 그렸던 부분만 수정이 가능합니다.

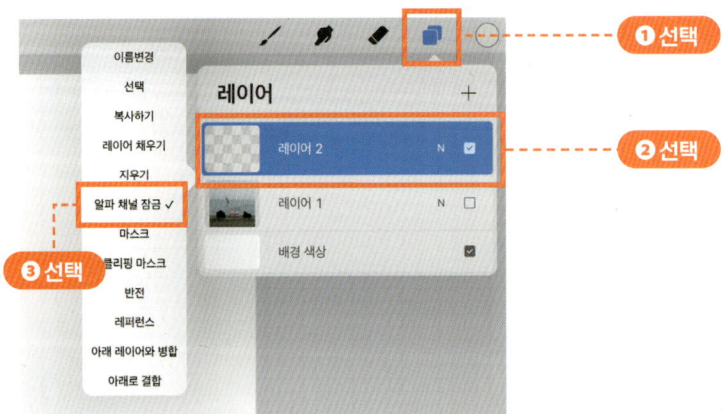

09 알파 채널 잠금 설정 후 변경할 색을 선택합니다. 레이어 2를 선택 후 [레이어 채우기]로 전체 그림의 색을 변경합니다.

10 레이어 1과 레이어 2의 이름을 각각 '사진'과 '라인 드로잉'으로 바꾸고 라인 드로잉 레이어 아래에 새 레이어를 추가합니다.

11 미색을 골라서 새로 생성된 레이어 전체에 색을 채웁니다. 이때 색상 팔레트 아이콘을 꾹 눌러 캔버스 쪽으로 가져다 두면 전체 색상이 채워집니다.

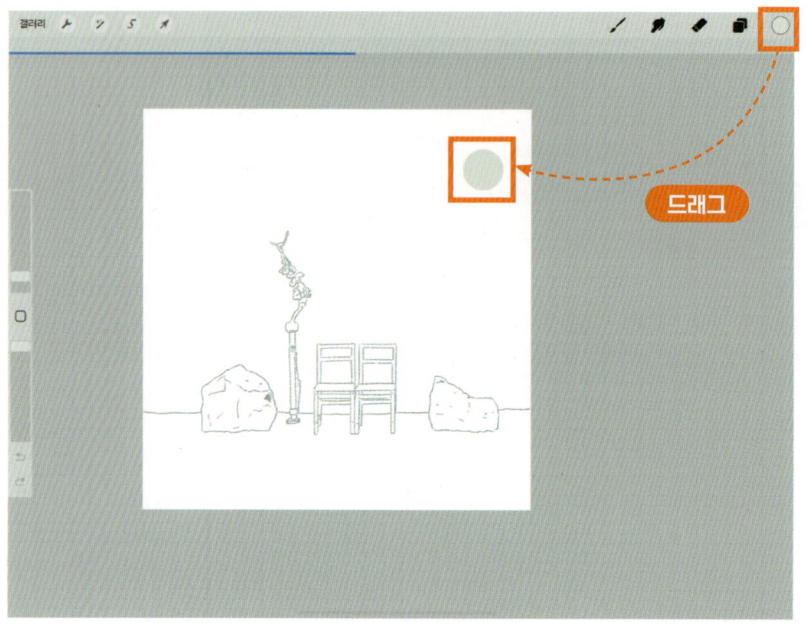

12 미색이 칠해진 레이어에 종이 질감 표현을 넣어 줍니다.
[조정] > [노이즈 효과]를 선택합니다.

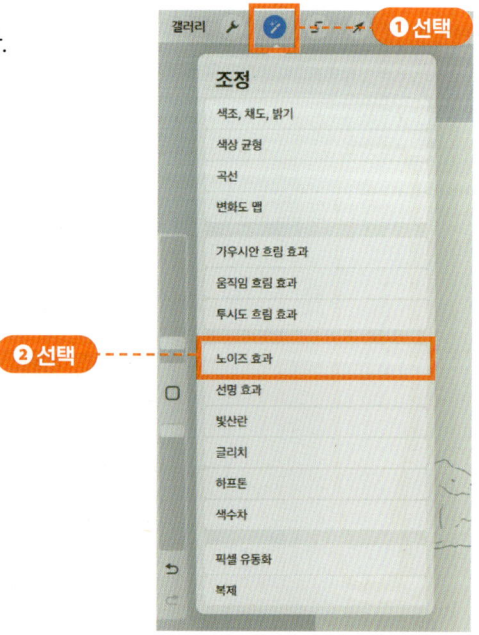

13 노이즈 효과를 적용한 상태에서 캔버스를 꾹 누르며 오른쪽으로 드래그하면 노이즈 효과 수치가 올라갑니다. 반대로 왼쪽으로 드래그하면 노이즈 효과 수치가 내려갑니다. 이를 참고하여 내가 원하는 만큼 노이즈 효과의 수치를 조절합니다.

14 [동작] > [공유] > [PSD]로 저장한 후 파일을 PC로 옮깁니다.

15 일러스트레이터에서 사방 도련을 2mm씩 넣은 100x100(mm) 사이즈 아트보드를 2개 만듭니다.

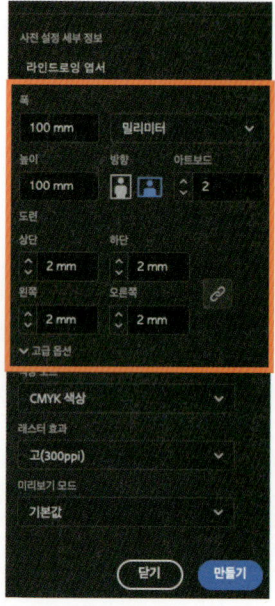

16 [파일] > [열기]를 선택해 프로크리에이트에서 PSD로 저장했던 파일을 불러옵니다. 이때 [레이어를 오브젝트로 변환]을 선택하여 작업한 레이어를 살려서 불러옵니다.

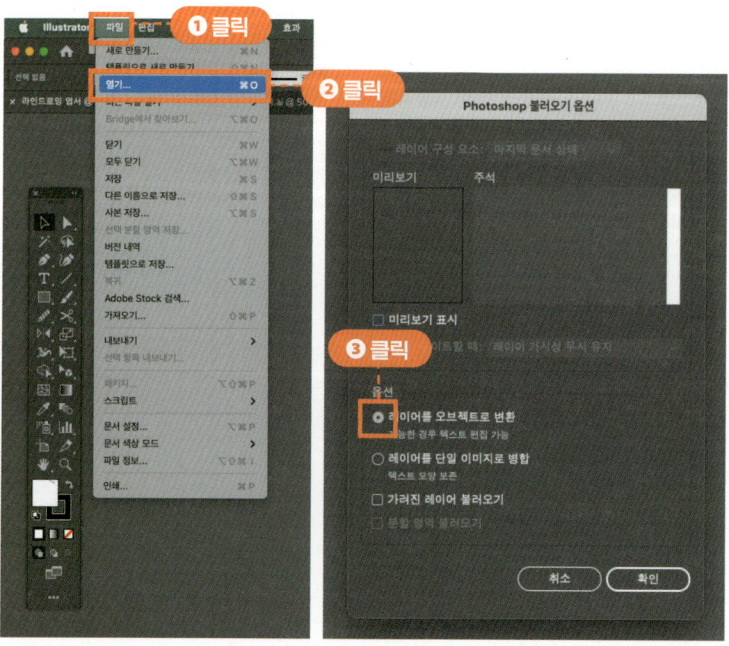

17 레이어 패널에서 레이어가 살아 있는지 확인 후 배경 이미지 레이어를 삭제해 줍니다.

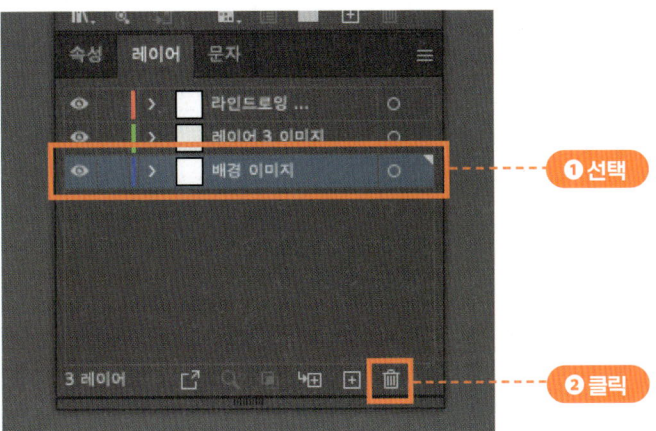

18 라인 드로잉 레이어와 노이즈 효과를 준 레이어 3 이미지를 복사해 15에서 만든 아트보드에 붙여 넣습니다. 정렬 대상을 대지에 정렬로 설정하고, 가로와 세로를 가운데 정렬합니다.

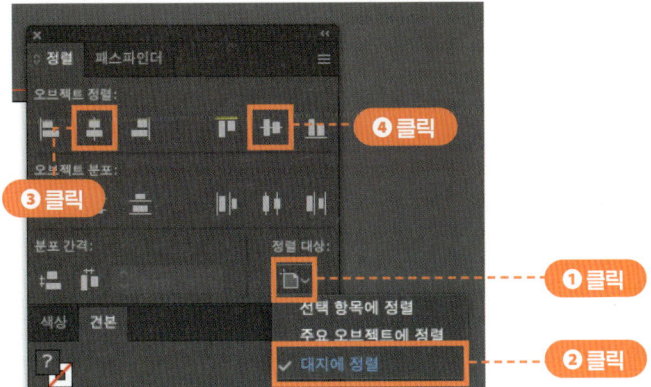

19 정렬이 끝나면 엽서의 앞면은 완성입니다. 뒷면은 노이즈 효과를 준 배경 이미지를 복사해서 **18**과 같이 대지에 맞춰 가운데 정렬을 합니다.

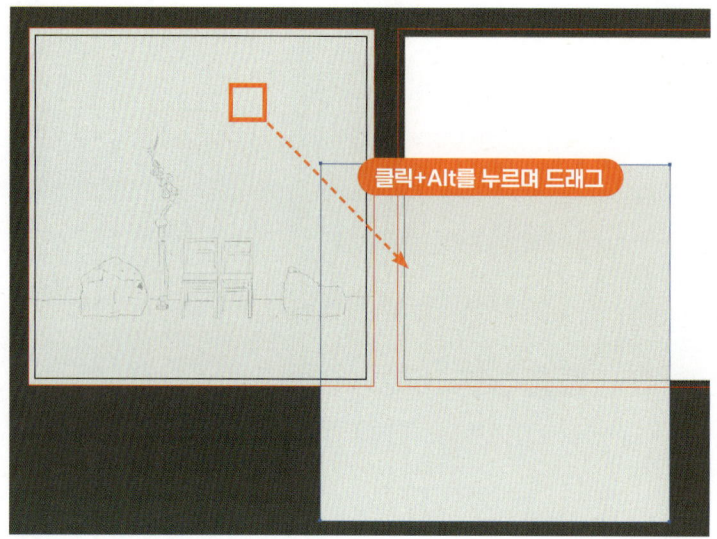

> 노이즈 효과를 준 배경을 복사할 때는 노이즈 효과 배경을 선택 후 Alt 키를 누르며 드래그하면 쉽게 복사가 가능합니다.

20 엽서의 뒷면에 배경을 채우고 로고를 넣으면 라인 드로잉 엽서 완성입니다.

Class 2.

떡메모지

떡메모지란, 떡제본을 한 메모지를 말합니다. 포스트잇과 같은 접착력은 없지만 보통 1권에 100장 내외로 장 수가 많고 부담 없이 사용하기 좋아 공부하는 분들이 많이 구매하는 굿즈입니다.
엽서와 마찬가지로 발주 수량의 부담이 적고 단가가 비교적 낮은 편이라
굿즈 제작의 입문용으로 시도해 보기 좋습니다.

1 패턴 메모지 만들기

패턴 떡메모지는 다이어리 꾸미기에서 바탕을 꾸밀 때 많이 사용되는 굿즈로, 다양한 패턴으로 만들어 볼 수 있습니다. 보통 1권에 100장 내외로 장 수가 많기 때문에 다양한 패턴의 메모지를 20~25장씩 모아 세트로 판매하기도 합니다.

01 일러스트레이터에서 사방 도련을 2mm로 설정한 90x90(mm) 사이즈 아트보드 1개를 생성합니다.

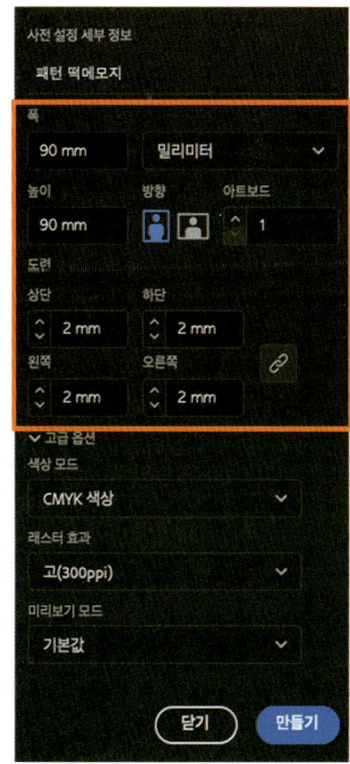

02 사각형 도구를 선택하고 아트보드를 클릭합니다. 배경으로 사용할 94x94(mm)의 사각형을 만듭니다. 인쇄 밀림 방지를 위해 항상 도련 부분까지 디자인을 채웁니다.

03 만들어진 사각형을 대지에 맞춰 가운데로 정렬합니다.

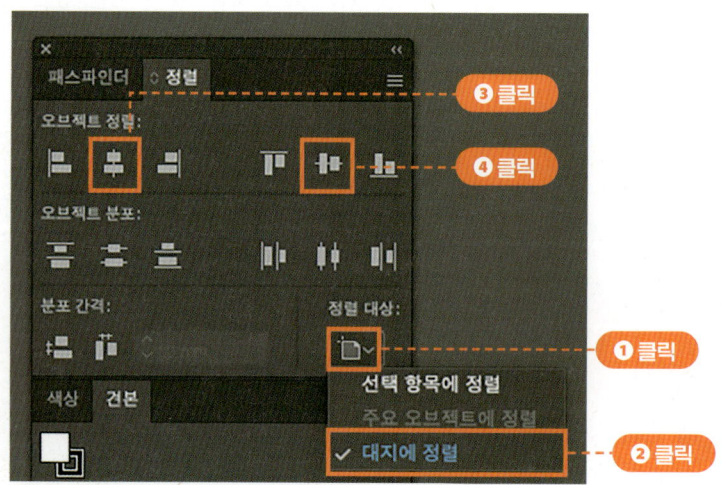

04 사각형의 선 색을 [없음]으로 설정하고 면 색을 배경이 될 컬러로 설정합니다.

05 선분 도구를 더블 클릭해 선분 도구 옵션을 엽니다.
길이 94mm의 세로선을 그려 줍니다.

06 속성 패널에서 만들어진 선의 색을 변경하고 두께를 2mm로 설정합니다.

07 선을 선택한 후 [오브젝트] > [패스] > [윤곽선]으로 선을 면으로 변경합니다.

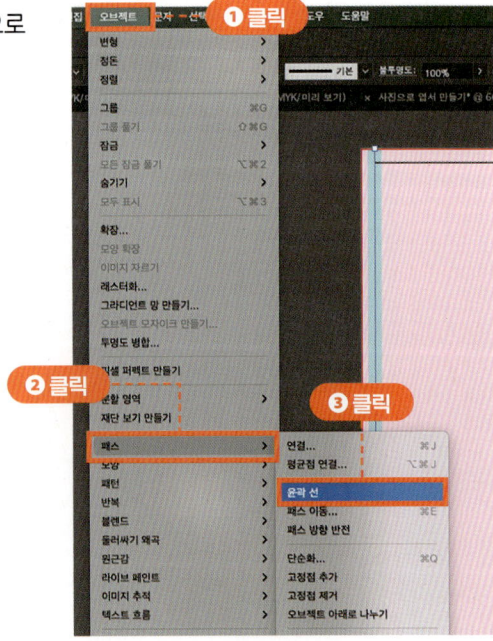

> 선을 면으로 바꿔 주면 추후 수정이 용이하고, 작업물이 모두 면으로 통일되어 있어 면과 선이 섞인 작업물보다 깔끔합니다.

08 선택 도구를 클릭하고 면으로 바뀐 선을 선택한 후 Enter 를 누릅니다. 가로 15mm, 세로 0mm로 설정한 후 [복사]를 선택합니다. 이 방법은 선택된 개체를 정확한 수치에 맞춰 이동시키는 방법으로 패턴을 만들 때 사용하면 편리합니다.

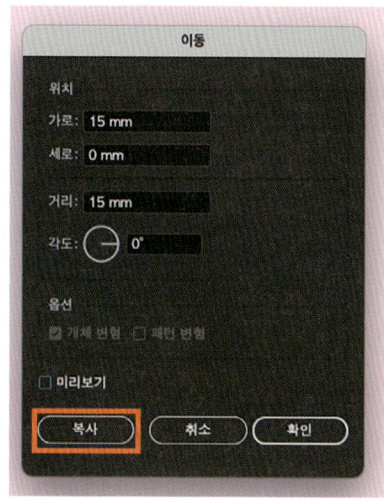

09 복사된 개체를 선택한 후 Ctrl + D 를 누르면 처음 복사된 간격과 같은 간격으로 계속해서 복사가 됩니다. 아트보드의 끝까지 반복하여 복사합니다.

TIP : Ctrl+D는 이전 작업 내용과 동일한 작업을 실행하는 단축키로, 패턴을 제작할 때 사용하기 좋습니다.

10 아트보드를 다 채울 만큼 복사가 끝났다면 복사된 민트색 면을 모두 선택하고 복사합니다. 그리고 [편집] > [제자리에 붙이기]로 붙입니다.

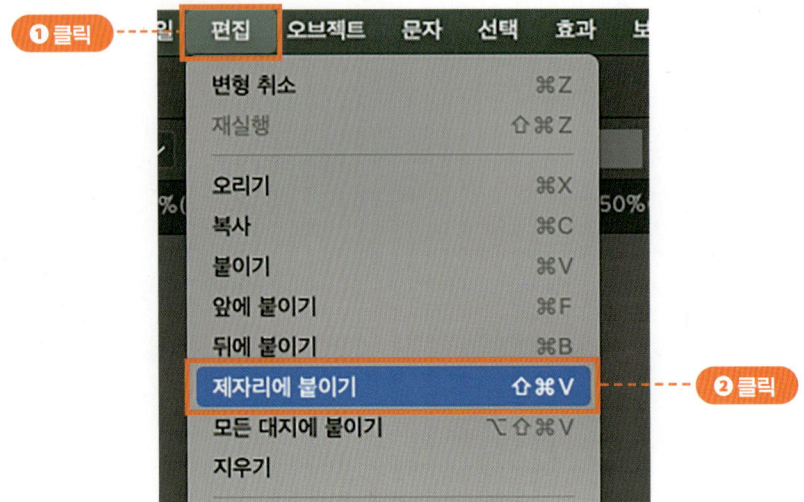

11 제자리에 붙여진 개체를 회전시켜 가로로 만들면 체크무늬 패턴의 떡메모지 디자인이 완성됩니다.

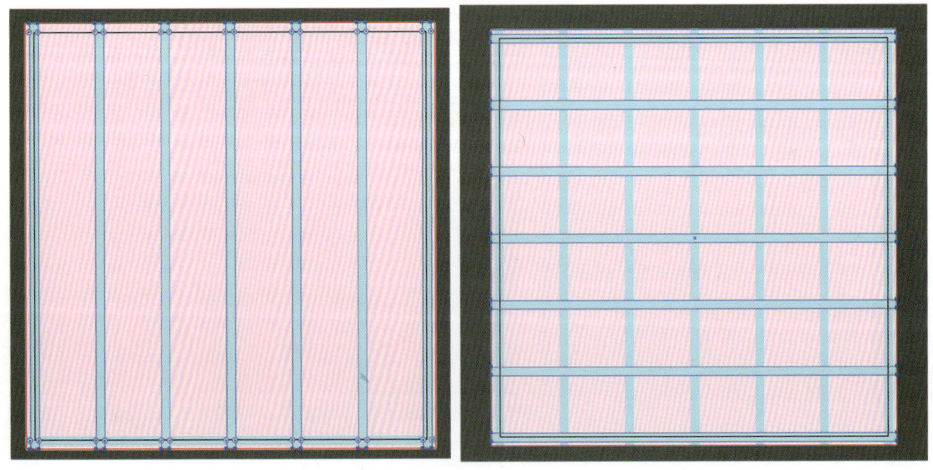

더 알아보아요

오브젝트를 90도로 회전시키는 방법

오브젝트를 90도 회전시키는 방법은 두 가지가 있습니다. 회전시키고자 하는 오브젝트를 선택 후 모서리에 마우스 커서를 가져다 대고 Shift 를 누르며 회전시키는 방법과 회전 도구를 사용하는 방법입니다.

회전 도구를 사용할 때는 회전시키고자 하는 오브젝트를 선택 후 회전 도구를 클릭합니다. Alt 를 누른 상태에서 회전할 오브젝트의 중심을 클릭하면 옵션 설정이 가능합니다. 옵션 설정에서 각도를 90도로 설정하고 확인을 누르면 오브젝트가 90도로 회전됩니다. 회전 도구를 사용할 때는 오브젝트를 클릭한 위치를 기준으로 해 설정한 각도만큼 회전되기 때문에, 반드시 오브젝트의 중심을 클릭해야 합니다.

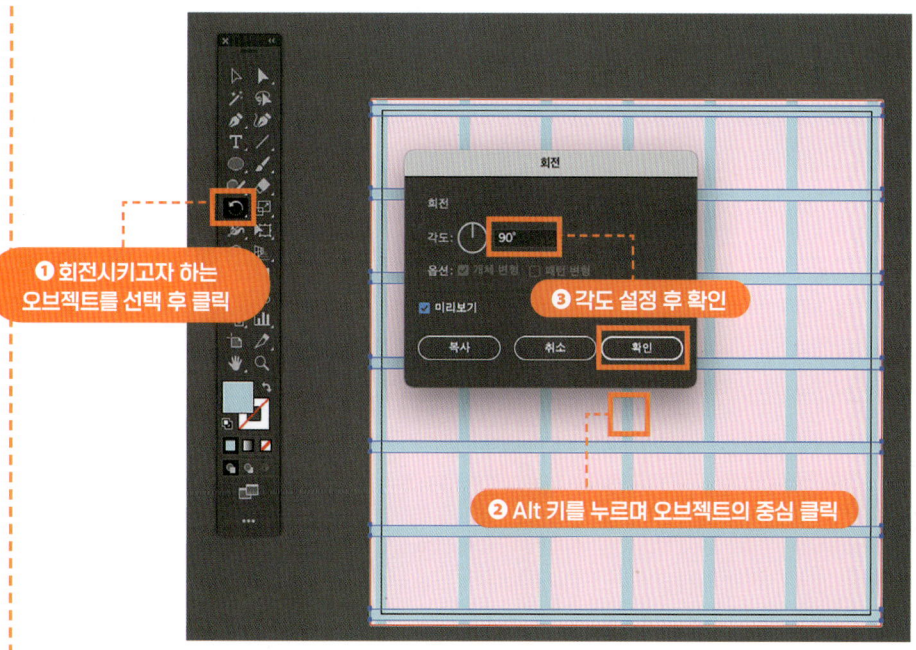

❶ 회전시키고자 하는 오브젝트를 선택 후 클릭
❷ Alt 키를 누르며 오브젝트의 중심 클릭
❸ 각도 설정 후 확인

12 완성된 체크무늬 패턴을 색상만 바꿔서 여러 가지의 컬러로 소분 세트를 제작하는 방법도 추천합니다.

2 체크 리스트 메모지 만들기

공부하는 분들의 구매가 많은 만큼 체크 리스트 디자인의 떡메모지 또한 수요가 많은 굿즈입니다. 캐릭터가 있다면 캐릭터를 이용해서 만들고 캐릭터가 없다면 다양한 템플릿으로 깔끔한 디자인의 체크 리스트를 제작해도 좋습니다.

01 일러스트레이터에서 사방 도련을 2mm로 설정한 80x106(mm) 사이즈 아트보드 1개를 생성합니다. 색상 모드는 CMYK, 해상도는 300ppi로 설정합니다.

02 원형 도구를 사용해 작은 타원을 그립니다. 보통 도구 패널에 사각형 도구가 기본으로 보입니다. 그때 사각형 도구를 1~2초 정도 누르면 다양한 그리기 도구 옵션을 선택할 수 있습니다.

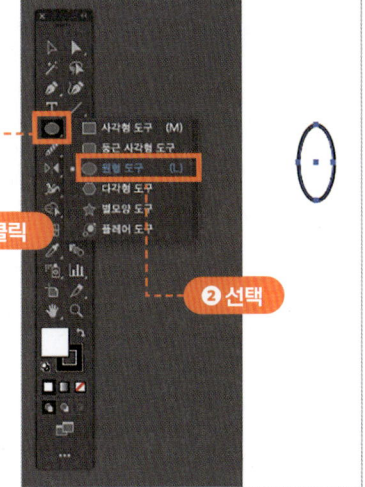

03 펜 도구 아이콘을 1~2초 길게 클릭하고 펜 도구 옵션 중 고정점 도구를 선택합니다. 그려진 타원의 상단 앵커포인트를 고정점 도구로 클릭하여 한쪽이 뾰족한 꽃잎 모양을 만듭니다.

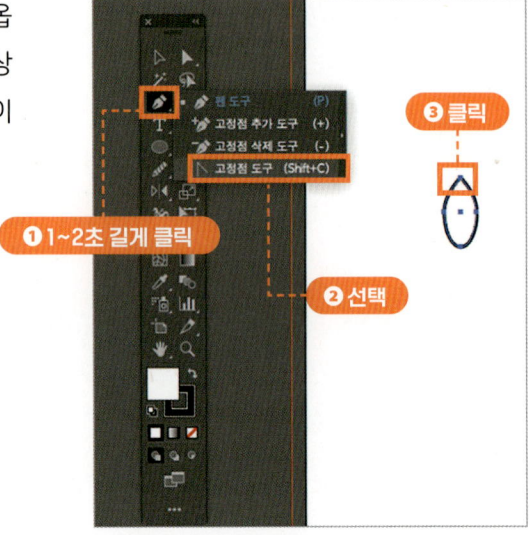

04 꽃잎 모양 아래쪽으로 원형 도구를 이용해 정원을 하나 그립니다. Shift 키를 누르며 그리면 정원을 그릴 수 있습니다. 선택 도구를 이용해 모두 선택하고 두 오브젝트를 '가로 가운데 정렬'로 정렬합니다.

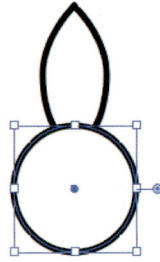

05 꽃잎 모양을 선택하고 반사 도구 아이콘을 1~2초 길게 누른 후 회전 도구를 선택합니다. 꽃잎 모양이 선택된 상태에서 Alt 키를 누르며 정원의 중심을 클릭합니다.

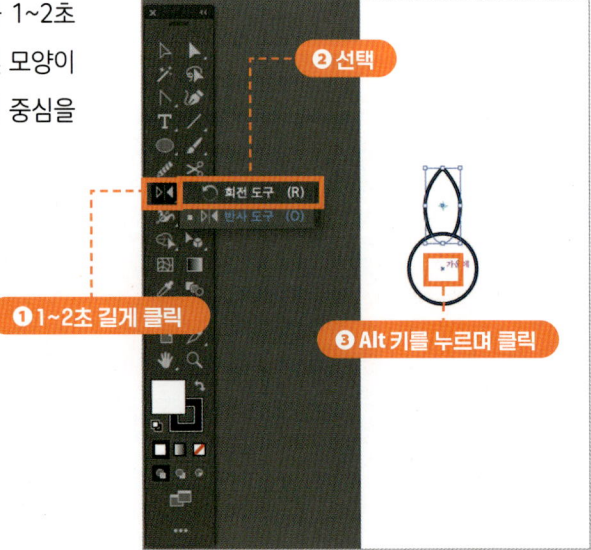

06 가운데 표시가 보이지 않는 경우 [보기] > [특수 문자 안내선]을 체크해 활성화합니다.

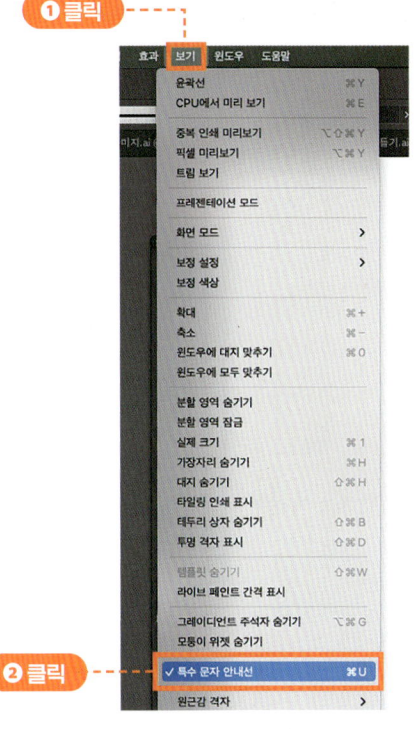

07 회전 옵션창이 뜨면 각도를 30도로 설정합니다. 복사를 누르면 가운데에 설정해 둔 회전축을 중심으로 회전하며 꽃잎 모양이 복사됩니다.

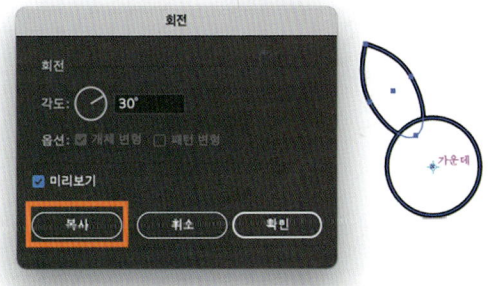

08 복사가 된 꽃잎 모양을 선택한 후 Ctrl + D 를 눌러 같은 각도로 쭉 복사해 줍니다. 쉽고 간단하게 꽃 모양이 완성됩니다.

09 완성된 꽃의 컬러를 변경합니다.

10 완성된 꽃은 선택 도구로 선택해 상단 중심으로 옮겨 주고 그 아래에 선분 도구를 사용하여 가로선을 그립니다. 선 굵기와 선 색상 등 속성을 설정합니다. 선을 그릴 때 Shift 키를 누르며 그리면 수평으로 그릴 수 있습니다.

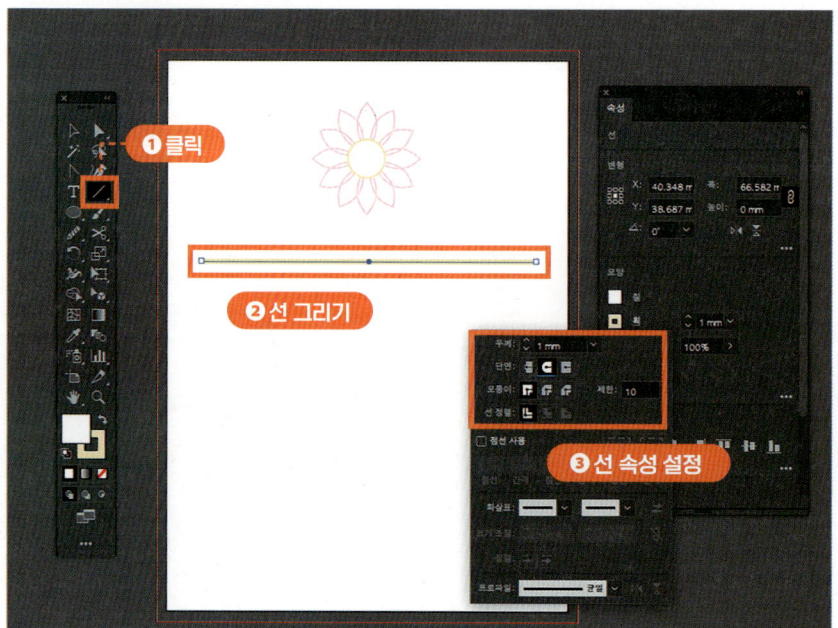

11 선택 도구를 선택하고 속성 설정이 끝난 선을 클릭합니다. Enter 키를 눌러 이동 창을 연 뒤 가로를 0mm, 세로를 6mm로 설정하고 복사를 클릭합니다.

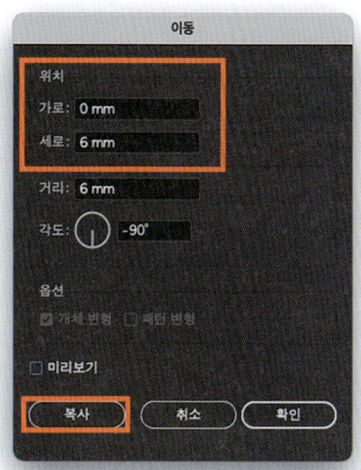

12 꽃을 그릴 때와 마찬가지로 복사된 선을 선택하고 Ctrl + D 를 눌러 6mm 간격의 선을 반복하여 복사합니다. 원하는 위치까지 복사한 후 체크 리스트의 체크 부분을 나타내기 위해 세로로 선을 하나 더 그립니다.

TIP : Shift 를 누르며 세로선을 그리면 수직으로 그릴 수 있습니다.

13 꽃의 크기를 살짝 조정합니다. 문자 도구를 선택하고 꽃 아래에 'Check List'를 적어 줍니다.

14 텍스트의 글꼴과 컬러를 설정하면 체크 리스트 떡메모지의 디자인이 완성됩니다.

15 완성된 디자인은 저장 후 바로 발주하는 것이 아닙니다. 텍스트를 사용한 디자인은 업체에 파일을 전달하기 전에 반드시 텍스트의 아웃라인을 깨서 전달해야 합니다. 사용한 글꼴이 인쇄 작업을 진행하는 업체에 있지 않을 경우 원하는 글꼴의 디자인으로 인쇄가 불가능하기 때문에 텍스트를 이미지화하는 것입니다.

아웃라인 깨기 전   아웃라인 깨진 후

16 텍스트를 선택하고 [문자] > [윤곽선 만들기]로 텍스트의 아웃라인을 깬 후 저장합니다.

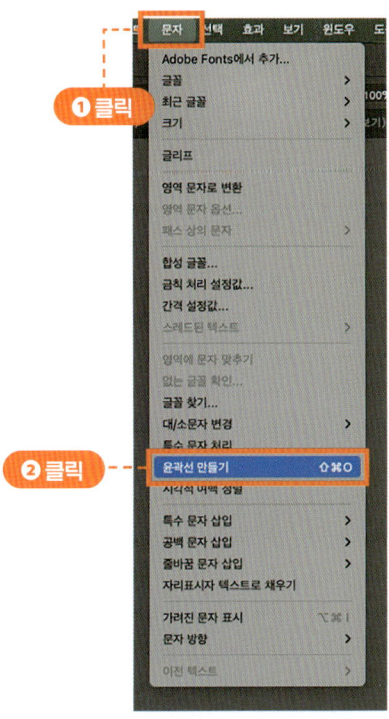

스티커

스티커는 굿즈 판매 시 가장 많은 사람들이 찾는 굿즈입니다. 스티커는 그 종류도 다양하고 만드는 법도 다양합니다. 꼭 캐릭터가 있어야만 제작할 수 있는 굿즈가 아니니 걱정하지 마시고 저와 함께 다양한 스타일의 스티커 만드는 법을 배워 봅시다.

1 스티커 종류

스티커는 종류가 매우 다양합니다. 스티커의 종류에 따라 수량 및 단가, 제작이 가능한 디자인이 모두 다르니 제작 전 꼼꼼히 확인하고 디자인해야 합니다. 또한 시장의 흐름에 대해서도 미리 파악해야 합니다. 한참 동안 인스(인쇄소 스티커) 시장이 활발하던 때, 어느 순간 판 스티커로, 그리고 차차 자유형 스티커로 시장의 흐름이 바뀌었던 것처럼 굿즈 시장도 계속 변화하고 있습니다. 판매를 위한 굿즈를 제작할 때 이 부분을 계속 연구해야 합니다.

사각 재단 스티커(인쇄소 스티커)

개별 칼선이 따로 없이 사각형의 종이 사이즈만 재단된 스티커로, 인스(인쇄소 스티커)라고 많이 불립니다. 칼선 제작을 하지 않아도 되는 도안 작업으로 인해 초보자들이 쉽게 입문하기 좋고, 칼선 스티커들에 비해 제작 단가가 비교적 낮은 편이므로 비용에 대한 부담도 적어 처음으로 제작해 보기 가장 좋은 스티커입니다.

다만, 소비자가 직접 도안에 맞춰 오려서 사용해야 하는 번거로움이 있어 구매 고객이 제한됩니다.

사각 재단 스티커(인쇄소 스티커)

도무송 스티커

재단선 외에 칼선이 들어가는 모든 스티커를 도무송 스티커라고 합니다. 칼선의 모양에 따라 스티커의 종류가 나뉘며 이 부분들은 업체마다 조금씩 다르니 제작 전 업체에 미리 확인해야 합니다.

- **A형, B형 칼선 스티커** : 정형화된 도형의 칼선으로 제작하는 스티커를 말합니다. 이때 단순 도형인 원형, 사각형, 삼각형 등의 칼선을 A형, 하트나 별같이 정형화된 도형이지만 조금은 복잡한 도형의 칼선을 B형이라고 합니다. A형, B형 모두 정형화된 도형의 칼선이라 따로 칼선 제작을 하지 않고 업체에서 제공하는 템플릿을 사용하는 경우가 많습니다.

- **판 스티커** : 업체에서 보유한 판 칼선이 있어 이미지만 넣어 완성시키는 스티커입니다. 따로 디자인 프로그램으로 작업할 필요 없이 업체의 판 칼선 위에 jpg 이미지만 삽입해도 스티커를 제작할 수 있습니다.

- **자유형 칼선 스티커** : 내가 원하는 모양으로 자유롭게 칼선을 제작하는 스티커입니다. C형 칼선이라고도 불리며 완칼 스티커와 반칼 스티커로 나뉩니다. 자유형 완칼은 대지가 없이 자유형 칼선 그대로 조각조각 떨어지는 스티커로 '조각 스티커'라고도 합니다. 자유형 반칼은 대지가 있고 그 위에 자유롭게 다양한 칼선들을 넣어 만든 우리가 아는 일반적인 스티커입니다.

자유형 칼선 스티커

2 나만의 캐릭터로 자유형 칼선 스티커 만들기

귀엽고 사랑스러운 나만의 캐릭터가 스티커로 만들어진다면 얼마나 좋을까요? 스티커 만들기 첫 번째, 나만의 캐릭터로 스티커를 만들어 봅시다. 캐릭터로 만들어 볼 스티커는 무테 스티커, 씰 스티커라고도 불리며 캐릭터 이미지 바깥에 흰 테두리가 없는 깔끔한 스티커입니다. 가장 많이 판매되는 스티커 중 하나입니다. 스티커 작업 중 가장 난이도가 있는 만큼 많은 연습을 권장합니다.

01 프로크리에이트에서 제작할 스티커 사이즈와 동일한 사이즈로 새로운 캔버스를 추가합니다. 스티커는 인쇄물이므로 색상 프로필을 CMYK로 설정합니다. DPI는 300으로 설정합니다.

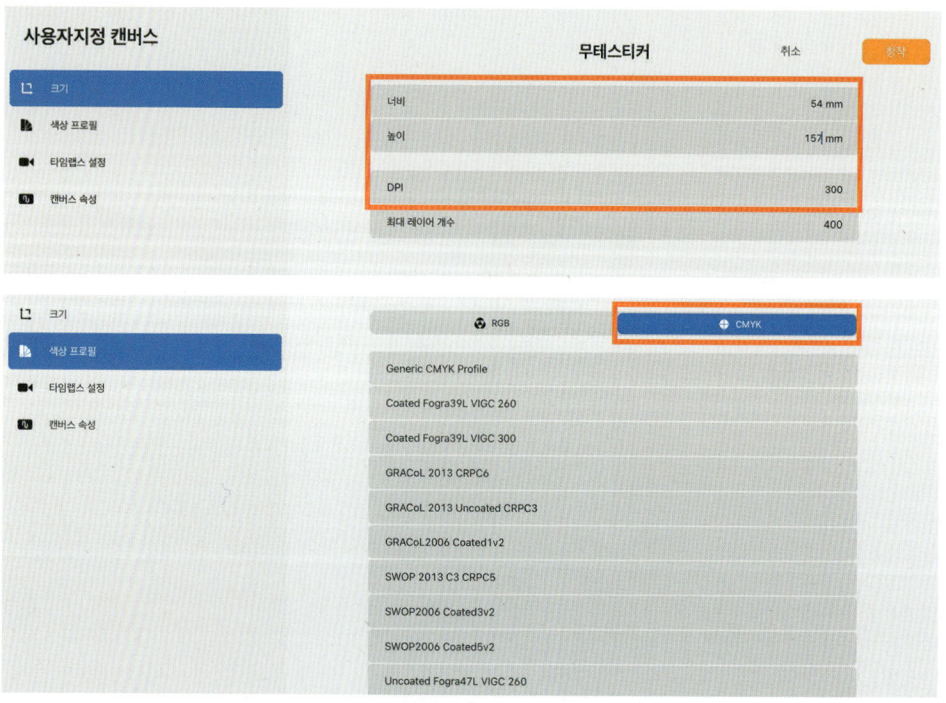

 TIP : 다른 인쇄 굿즈들에 비해 자유형 칼선 스티커의 사이즈는 정말 다양합니다. 정해진 답이 있는 건 아니니 시중에 판매 중인 스티커 사이즈들과 직접 비교해 보고 본인과 맞는 사이즈로 정하면 됩니다.

02 [레이어]에서 배경 색상을 변경하고 나만의 캐릭터를 그려 도안을 완성합니다.

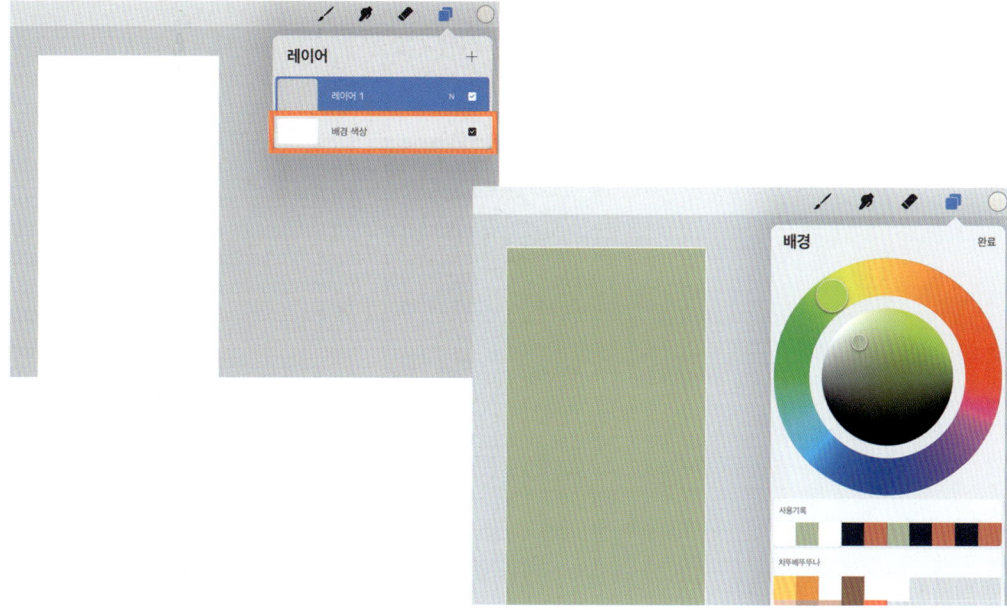

03 완성된 도안을 [동작] > [공유] > [PSD]로 저장한 후 파일을 PC로 옮깁니다.

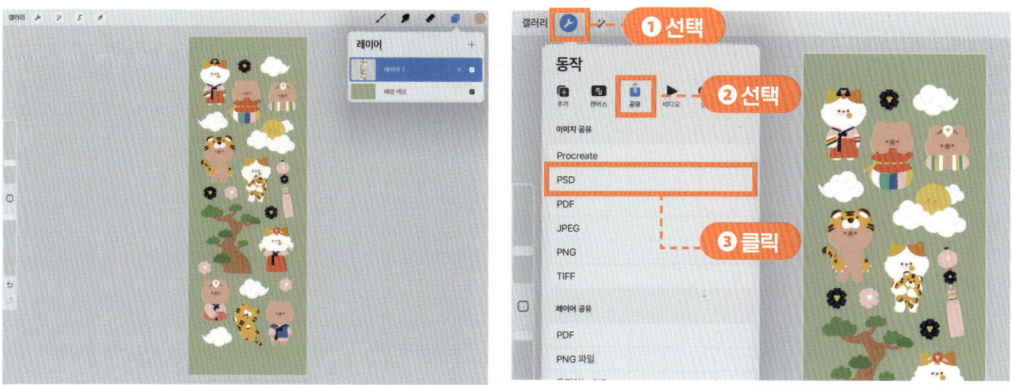

04 프로크리에이트에서 PSD로 저장한 파일을 일러스트레이터에서 열어 줍니다. 이때 레이어가 살아 있도록 옵션에서 [레이어를 오브젝트로 변환]을 선택합니다.

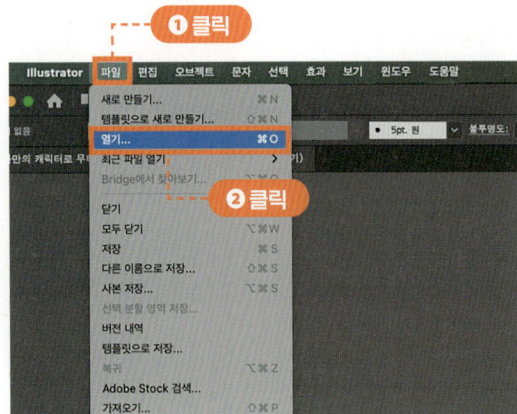
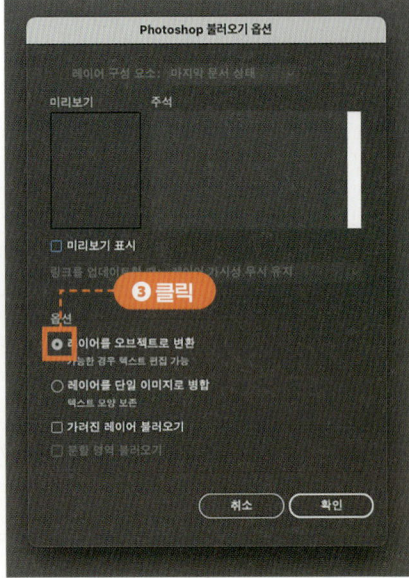

05 PSD 파일이 열리면 레이어 확인 후 두 개의 레이어를 움직이지 않도록 잠급니다.

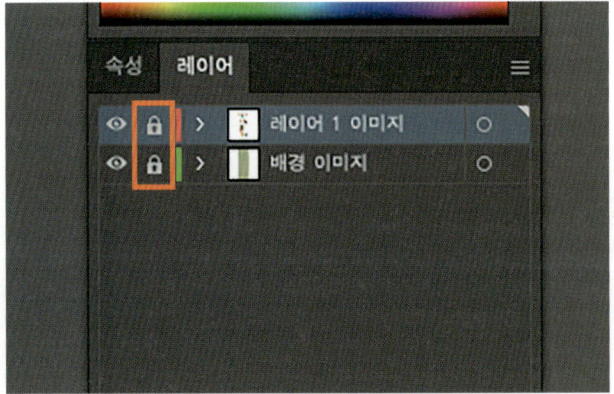

06 칼선을 만들기 전 미리 선 옵션을 설정합니다. 선 두께 0.3mm, 선 색상은 마젠타 100%로 설정하고 단면과 모퉁이도 사진과 같이 체크합니다. 제작하는 업체에 따라 두께, 색상 등 설정이 다를 수 있으니 자신이 제작하는 업체의 설정을 참고합니다.

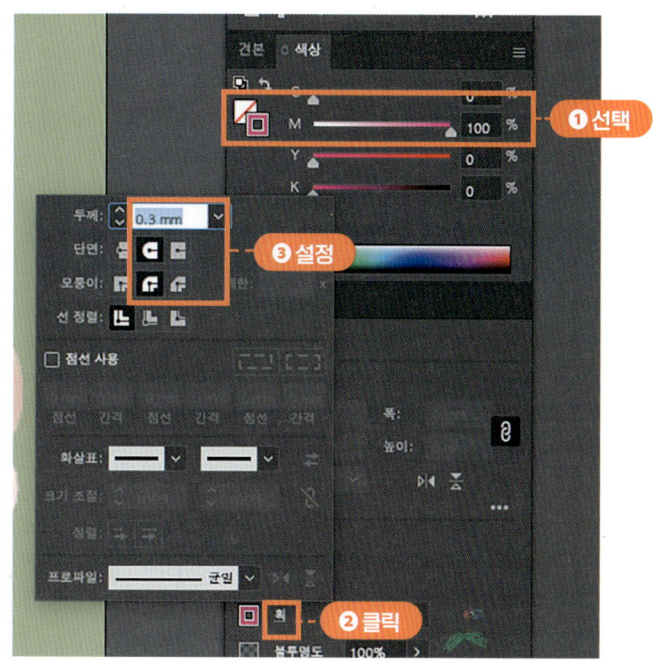

07 새 레이어를 추가하고 펜 도구를 이용해 칼선을 따 줍니다. 우선 시작점을 정하고 클릭합니다. 이어질 점을 꾹 누르면서 드래그합니다. 이때 핸들과 핸들포인트가 생깁니다. 드래그를 할 때 이리저리 마우스를 움직이다 보면 움직임에 따라 핸들의 길이와 세그먼트의 각도가 변합니다. 핸들의 길이를 확인하면서 작업하면 칼선을 자연스럽게 딸 수 있습니다.

08 핸들의 방향을 바꿀 때는 앵커포인트를 한 번 더 클릭합니다. 사진과 같이 핸들포인트 한쪽이 사라진 것을 확인할 수 있습니다.

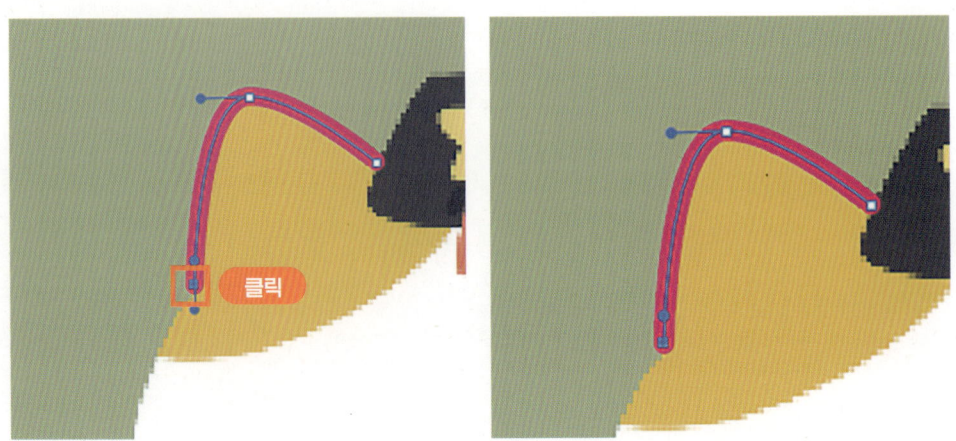

09 마지막 패스를 그릴 때는 꼭 시작점을 끝으로 마무리해야 합니다. 이를 '패스를 닫다'라고 표현합니다. 패스를 닫지 않을 경우 색 채우기가 제대로 적용되지 않는 경우도 있으며 칼선 작업에서는 칼선 오류가 생길 수 있습니다.

10 나머지 그림들도 사진과 같이 칼선을 전부 따 줍니다.

11 칼선 작업을 할 경우 제작 시 공정상 밀림이 있을 수 있습니다. 이를 방지하고자 도안에 1~2mm 정도의 여유를 줘야 합니다. 여유의 크기는 업체별로 다르니 확인 후 작업합니다. 여유를 만들 때는 칼선을 모두 선택한 후 [오브젝트] > [패스] > [패스 이동]을 선택합니다. 패스 이동은 내가 그린 패스를 입력한 거리만큼 이동하여 복사하는 것으로 1mm로 적용하면 칼선 바깥쪽으로 1mm거리에 선이 이동 복사 됩니다.

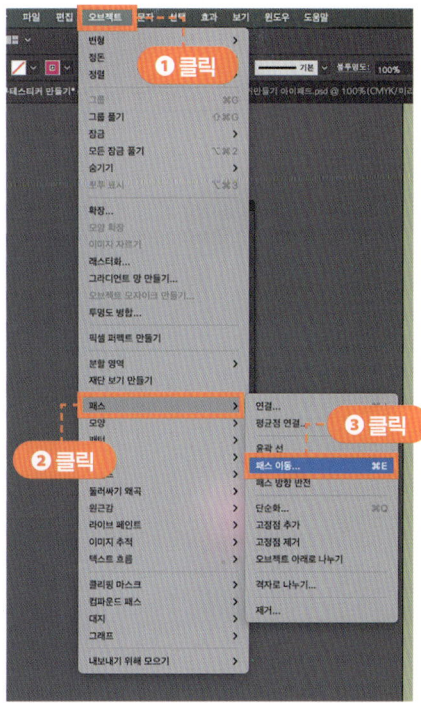

12 패스 이동으로 1mm의 여유를 넣고, 연결을 둥글게 설정합니다. 여유 부분의 라인은 칼선 라인과 헷갈리지 않도록 검은색으로 바꿔준 뒤 칼선 라인과 함께 선택하고 Ctrl + G 를 눌러 그룹화합니다. 05 에서 잠가 둔 레이어의 잠금을 풀고 저장합니다.

13 [파일] > [새로 만들기]로 스티커 사이즈보다 사방 2mm씩 더 큰 사이즈의 아트보드를 생성합니다. 색상 모드 CMYK와 해상도 300ppi는 꼭 확인합니다.

TIP : 29p 더 알아보기 '도련이란?'을 참고해 주세요.

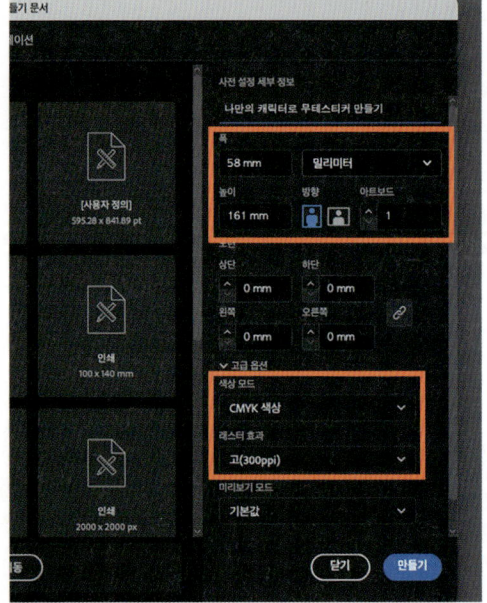

14 인쇄 시 밀림으로 인해 스티커가 잘리는 경우가 있을 수 있습니다. 이를 방지하고자 재단선과 안전선을 표시하고 안전선 안쪽으로 도안을 그려야 합니다. 사방 도련 2mm를 추가해 만든 아트보드 위에 스티커 실사이즈의 재단선을 표시하고 재단선 안쪽으로 사방 -2mm의 안전선을 표시합니다.

아트보드(실사이즈+사방 도련 2mm) : 58x161
재단선(스티커 실사이즈) : 54x157
안전선(인쇄가 안전하게 되는 사이즈) : 50x153

재단선 ━━━━━
안전선 ━━━━━

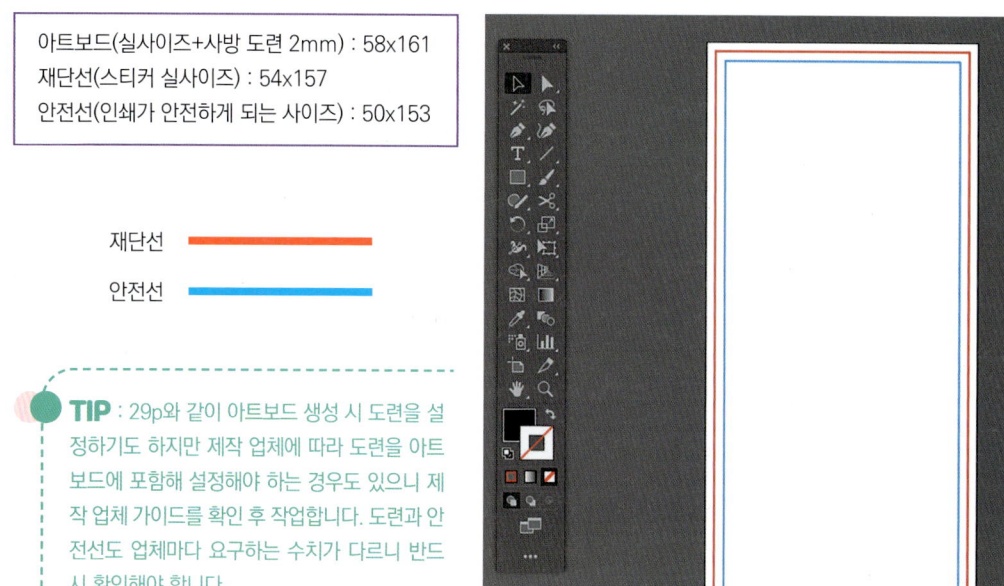

TIP : 29p와 같이 아트보드 생성 시 도련을 설정하기도 하지만 제작 업체에 따라 도련을 아트보드에 포함해 설정해야 하는 경우도 있으니 제작 업체 가이드를 확인 후 작업합니다. 도련과 안전선도 업체마다 요구하는 수치가 다르니 반드시 확인해야 합니다.

15 12에서 저장한 도안을 모두 선택하고 새로 만든 아트보드에 제자리에 붙이기 합니다. 배경 사각형을 선택 후 [오브젝트] > [정돈] > [맨 뒤로 보내기]를 클릭해 가려진 재단선과 안전선을 보이게 합니다. 아트보드보다 작은 배경 사각형을 아트보드에 맞춰 크기를 키워주고 캐릭터 도안과 칼선, 여유 라인이 안전선에 맞는지 확인합니다. 확인이 끝나면 안전선과 재단선은 지우고 저장합니다.

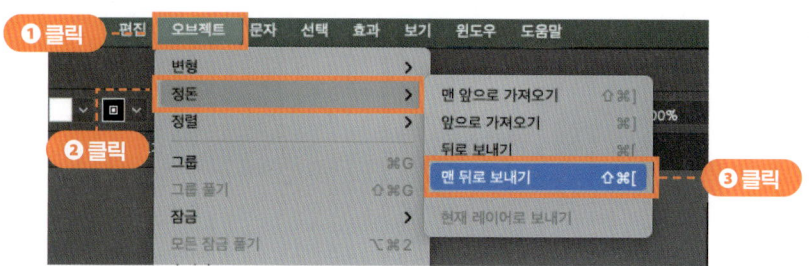

TIP : 안전선과 재단선은 인쇄가 되지 않는 선이므로 확인이 끝나면 반드시 삭제합니다.

16 프로크리에이트에서 저장했던 PSD 파일을 이번에는 포토샵에서 열어 줍니다. 그리고 일러스트레이터에서 작업한 칼선과 여유를 복사(Ctrl+C)해서 붙여 넣기(Ctrl+V)합니다. 이때, 고급 개체를 선택합니다. 복사된 칼선과 여유 라인을 드래그하거나 방향키를 사용해 도안과 위치를 맞춥니다. 고급 개체 레이어는 도안 레이어의 아래로 옮깁니다.

> **TIP** : 고급 개체를 선택할 경우 일러스트레이터의 벡터 이미지 형식이 유지되며 포토샵 레이어에서 고급 개체로 붙여 넣은 레이어를 더블 클릭하면 일러스트레이터가 열려 일러스트레이터로 수정 작업이 가능합니다.

17 마술봉 도구를 선택 후 붙여 넣은 레이어 위로 도안의 배경을 클릭합니다. 여유 라인 안쪽을 제외하고 선택된 것을 확인할 수 있습니다.

18 [선택] > [반전]을 선택하면 여유 선 안쪽 부분만 선택됩니다.

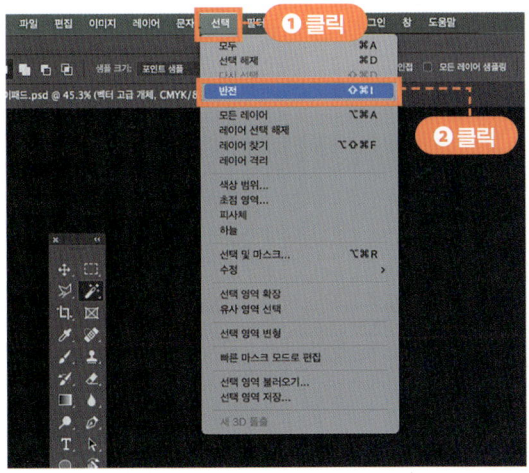

19 여유 부분이 선택된 상태에서 붙여 넣기 한 레이어 (벡터 고급 개체) 위로 레이어 하나를 추가합니다. 그리고 눈 모양 아이콘을 클릭해 벡터 고급 개체 레이어를 숨깁니다.

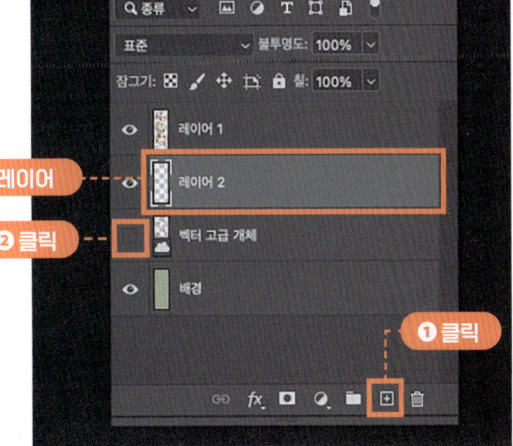

20 스포이드 도구를 선택한 후 여유를 칠해 줄 도안의 컬러를 클릭합니다.

21 컬러가 선택됐다면 브러시 도구를 선택합니다. 도안 그림을 확장시킨다는 느낌으로 그림 내부의 색을 추출해 여유 부분에 칠합니다. 이때, 앞에서 선택된 여유 부분 바깥으로는 칠해도 튀어나오지 않으니 안심하고 칠해 줍니다.

22 같은 방법으로 도안의 모든 여유 부분을 다 칠해 준 후 저장합니다.

23 포토샵에서 저장했던 여유 칠한 도안을 레이어가 살아있게 일러스트레이터에서 열어 줍니다(프로크리에이트 저장 파일을 가져왔던 것과 동일하게 [레이어를 오브젝트로 변환]을 선택합니다). 여유 칠한 레이어와 도안 레이어만 복사해서 칼선을 그려 둔 파일로 가져온 후 두 레이어를 그룹화(Ctrl + G)합니다.

24 여유칠을 해 온 도안(2번)을 칼선과 맞추겠습니다. 칼선이 그려진 도안(1번)과 여유칠을 해 온 도안(2번)을 모두 선택하고, 정렬 패널에서 정렬 대상을 [주요 오브젝트에 정렬]로 맞춥니다.

25 그리고 정렬의 중심이 되는 1번 도안을 한 번 더 클릭합니다. 사진을 보시면 1번 도안의 파란 가이드 라인이 더 진하게 표시되었습니다.

> **TIP** : 정렬의 중심이 된다는 것은 중심 개체는 가만히 있고 나머지 개체들이 중심 개체를 기준으로 정렬된다는 것입니다.

26 가로, 세로 가운데 정렬을 눌러 두 도안을 맞춥니다.

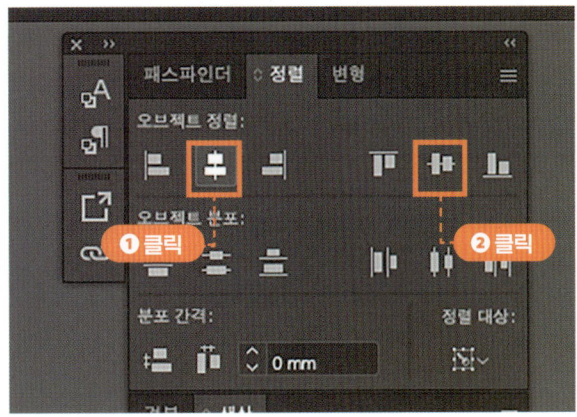

27 정렬이 되면 도안이 위로 올라오면서 칼선과 여유 라인이 가려집니다. 위로 올라온 도안과 배경색을 선택한 후 [오브젝트] > [정돈] > [맨 뒤로 보내기]를 클릭해 맨 뒤로 보냅니다.

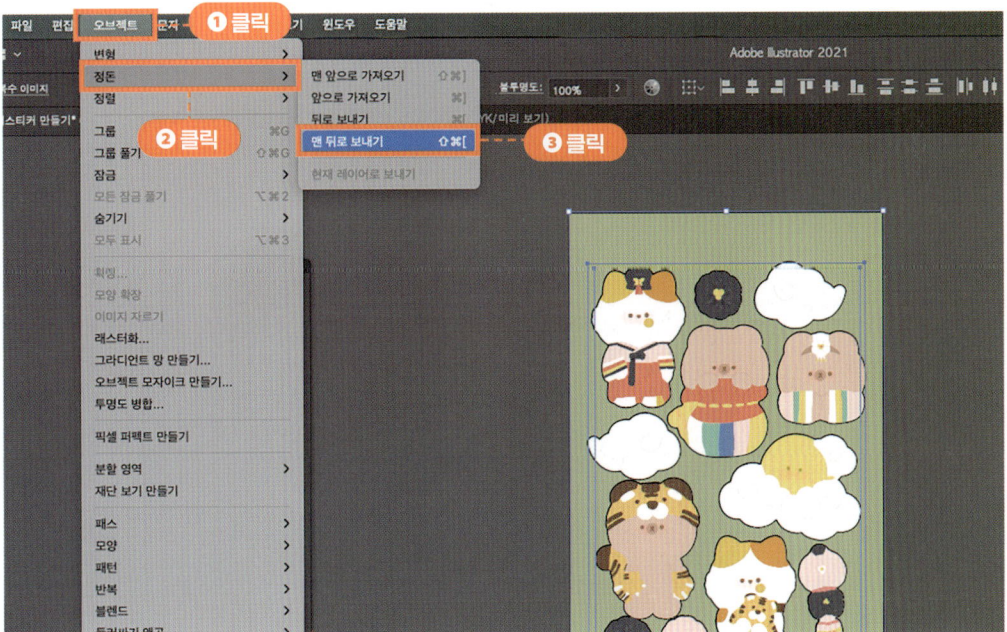

28 칼선과 여유 라인이 보이면서 도안과 잘 맞춰진 것을 확인할 수 있습니다. 이제는 필요 없어진 여유 라인을 한번에 지워 보겠습니다. 직접 선택 도구로 여유 라인 하나를 선택합니다.

29 [선택] > [동일하게] > [칠과 선]을 선택하면 처음 선택된 개체를 기준으로 칠 색과 선 색, 선 두께가 같은 개체들은 모두 선택됩니다. 그렇게 모두 선택된 여유 라인을 한번에 삭제합니다. 기존 일러스트레이터 파일에 있던 1번 도안의 그림도 삭제합니다.

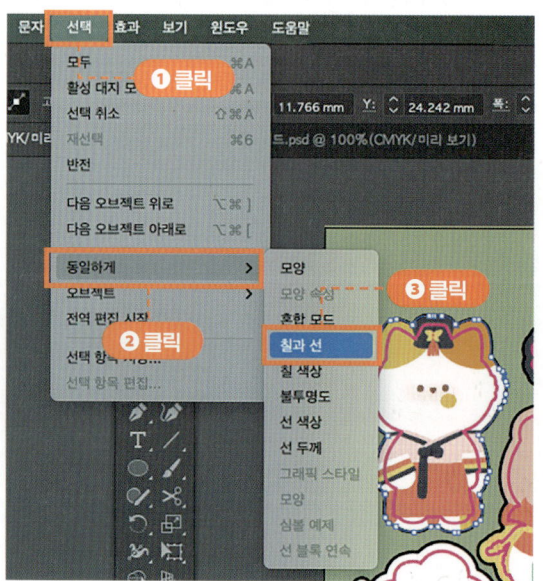

30 기존 레이어의 이름을 도안이라고 바꿔준 후 칼선 레이어를 추가합니다. 지금은 도안 레이어에 칼선이 합쳐져 있으니 칼선을 따로 칼선 레이어로 분리해야 합니다.

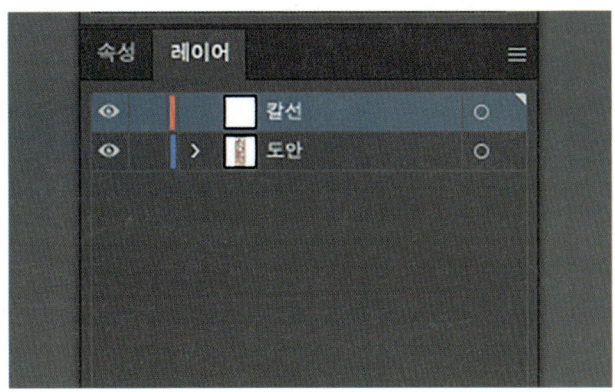

31 여유 라인 삭제 시 선택했던 것과 마찬가지로 도안 레이어에서 칼선을 모두 선택한 후 복사하고 기존의 칼선은 삭제합니다. 칼선 레이어를 클릭하고 [편집] > [제자리에 붙이기]로 붙여 넣습니다.

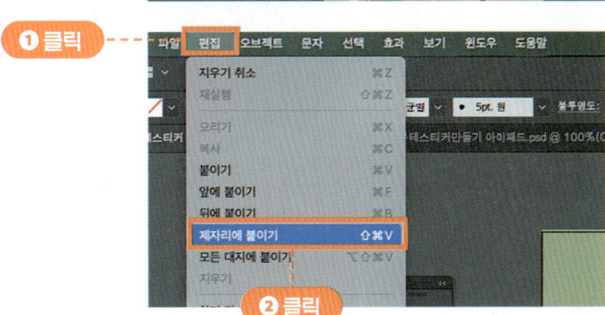

32 칼선 레이어의 눈 모양 아이콘을 껐다 켰다 하면서 칼선이 제대로 옮겨졌나 확인합니다.

TIP : 처음 칼선을 만들 때부터 칼선 레이어를 만들고 추가해도 됩니다. 이는 작업자 개개인의 작업 방식에 따라 다른 부분으로 편한 방법으로 작업하시면 됩니다.

33 확인이 끝나면 여유와 칼선까지 완성된 도안을 저장합니다. 이때, 업체에서 요구하는 일러스트레이터 버전에 맞춰 저장해야 합니다. [파일] > [다른 이름으로 저장]으로 버전을 선택하고 저장하면 완성입니다.

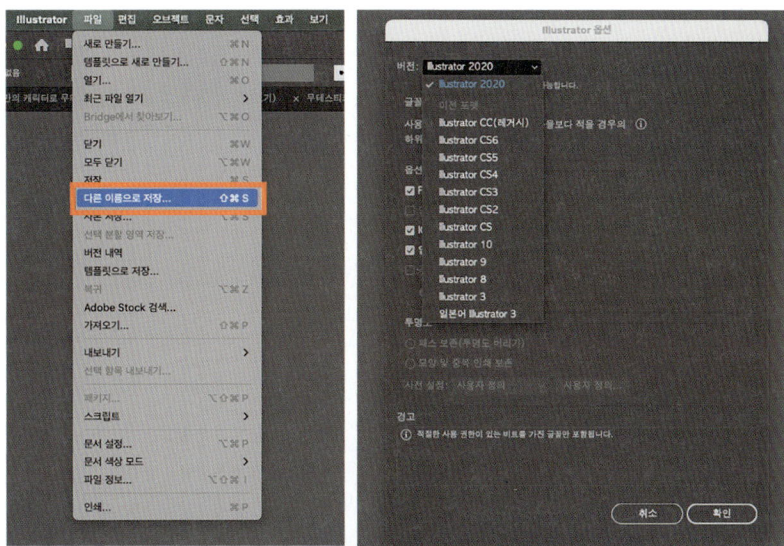

TIP : 보통 CS5와 CS6 버전을 많이 요구합니다.

3 색연필 느낌의 그림으로 칼선 스티커 만들기

이미지 바깥쪽 흰 테두리가 없는 무테 스티커를 만들어 봤다면, 다음은 흰 테두리가 있는 칼선 스티커를 만들어 볼까요? 이번에 배워 볼 색연필 느낌의 스티커는 무테 스티커로 만들 때보다 흰 테두리가 있는 스티커로 만들 때 색연필 특유의 질감을 잘 나타낼 수 있습니다. 이처럼 도안 특성상 무테를 사용하기 힘든 이미지를 작업하는 경우와 아직 작업 시 펜 도구 활용이 미숙한 경우에는 흰 테두리가 있는 칼선 스티커로 제작하는 걸 추천합니다.

01 프로크리에이트에서 크기 150x195(mm), 색상 프로필을 CMYK로 설정한 캔버스를 생성합니다.

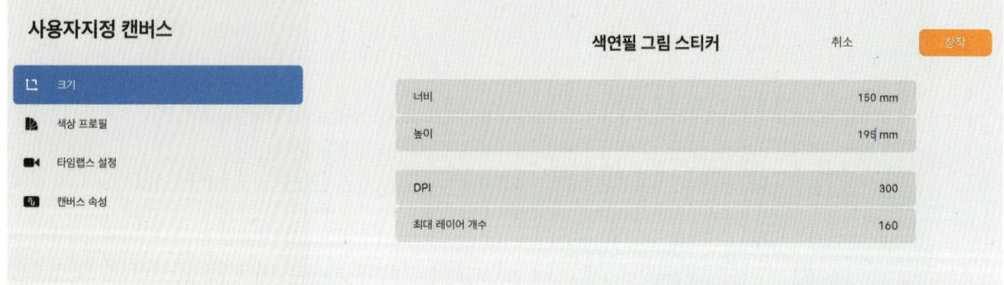

02 색연필 느낌으로 도안을 디자인하고 싶을 때는 브러시 종류의 선택이 중요합니다. 프로크리에이트에서 기본으로 제공되는 브러시 종류들을 하나씩 사용해 보고 마음에 드는 브러시를 선택하거나 유료로 브러시를 구매해서 사용할 수 있습니다. 제가 추천하는 기본 제공 브러시는 [스케치] > [Procreate 펜슬]입니다.

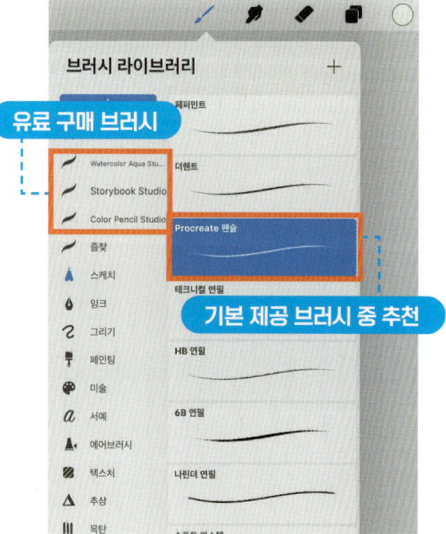

03 취향에 맞는 브러시를 선택해 도안을 완성하고 배경 레이어를 체크 해제합니다.

04 [동작] > [공유] > [PSD]로 저장합니다.

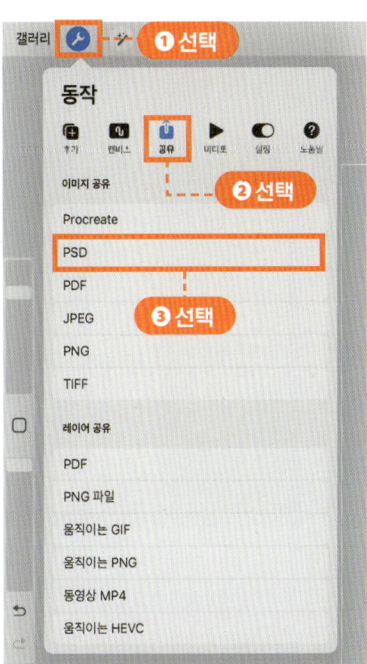

05 PSD로 저장한 파일을 PC로 가져와 포토샵에서 열어 줍니다. 마우스 오른쪽 버튼을 클릭하고 [레이어 복제]를 선택해 레이어를 복사합니다.

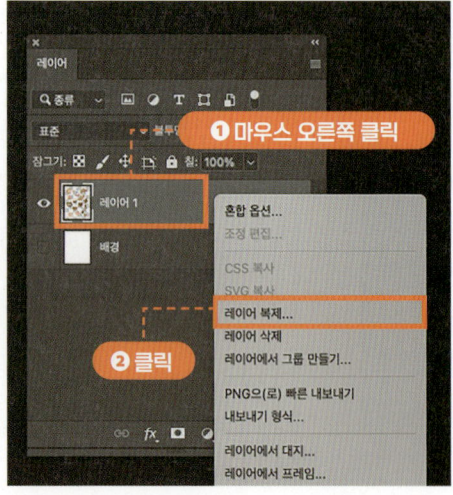

06 복사한 레이어를 선택하고 마술봉(자동 선택) 도구로 배경 부분을 클릭합니다.

07 [선택] > [반전]으로 선택 영역을 반전시켜 줍니다. 이 방법을 사용하면 그림들이 외곽선에 맞춰 선택됩니다.

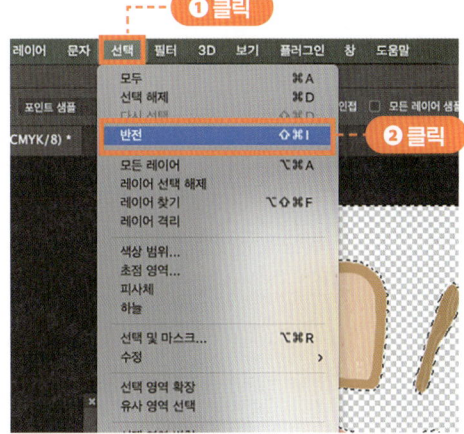

08 선택된 상태에서 칠 색을 검정으로 변경하고 [Alt]+[Delete]를 눌러 선택된 부분에 색을 채웁니다. 그리고 PSD로 저장합니다.

09 일러스트레이터에서 150x195(mm) 사이즈의 아트보드를 생성합니다.

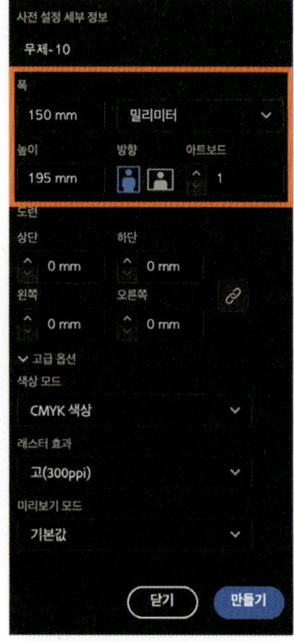

10 스티커 재단사이즈 150x195(mm)보다 사방으로 2mm씩 작은 146x191(mm) 사이즈의 사각형을 파란색 선으로 그립니다. 이 사각형은 안전선 표시입니다. 안전선의 크기는 업체별로 다르니 확인 후 업체에 맞게 설정합니다.

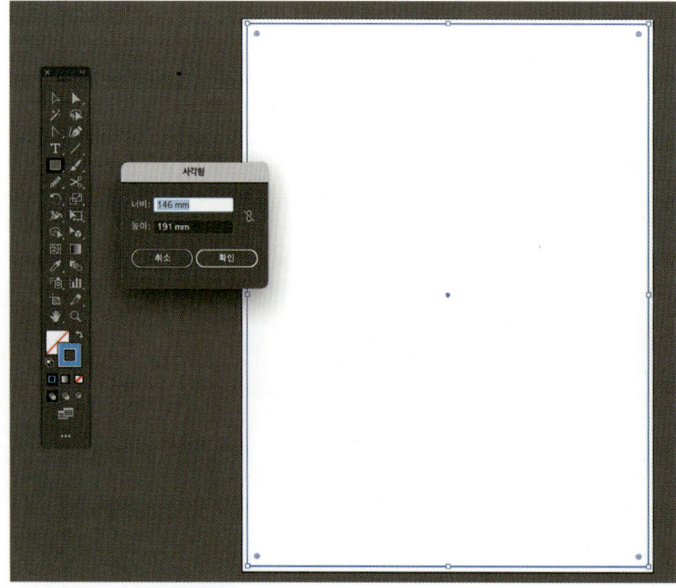

11 [파일] > [열기]로 8에서 저장한 PSD 파일을 열어 줍니다. 이때 [레이어를 오브젝트로 변환]을 선택해 작업한 레이어를 살려서 열어 줍니다.

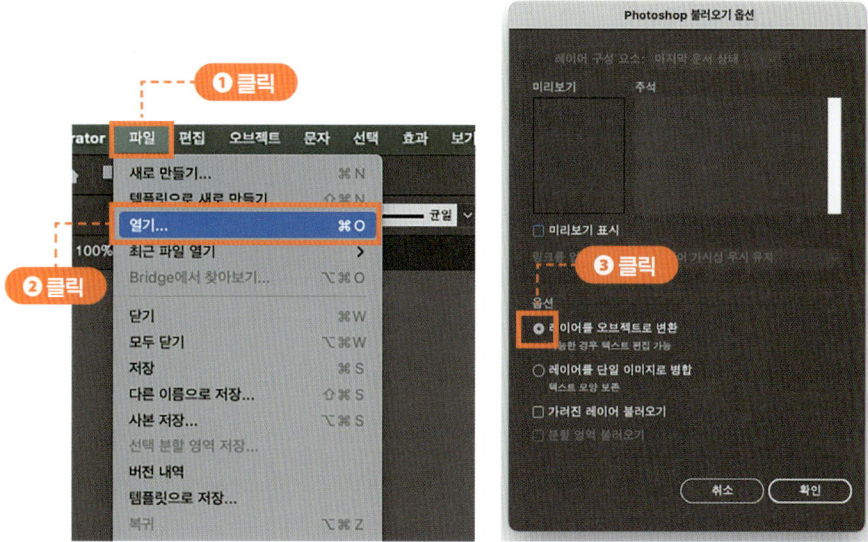

12 파일을 열고 전체 개체들을 선택해 복사합니다. 새로 만든 스티커 아트보드에 [편집] > [제자리에 붙이기]로 붙여 넣습니다.

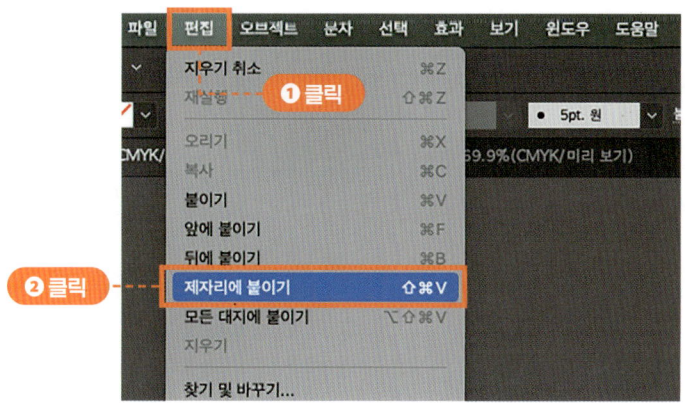

13 검은색으로 칠해진 도안을 선택하고 [오브젝트] > [이미지 추적] > [만든 후 확장]으로 비트맵 이미지를 벡터 이미지로 변환합니다. [오브젝트] > [그룹 풀기]로 변환된 벡터 이미지의 그룹을 풀어 줍니다.

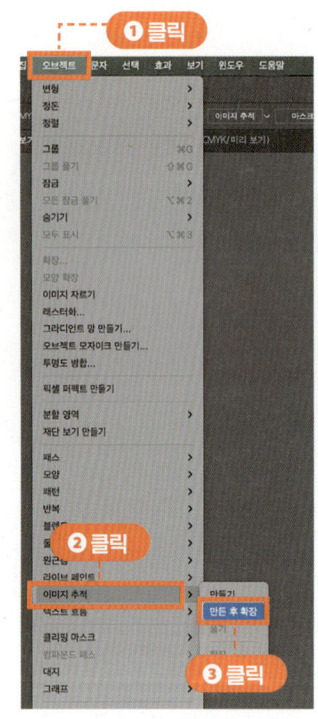
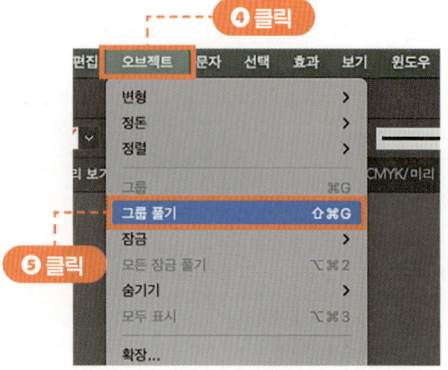

이미지 추적 전

이미지 추적 후

14 그룹이 풀리면 색이 채워진 개체를 하나 선택한 후 [선택] > [동일하게] > [칠과 선]으로 같은 검은색으로 채워진 개체들을 모두 선택합니다.

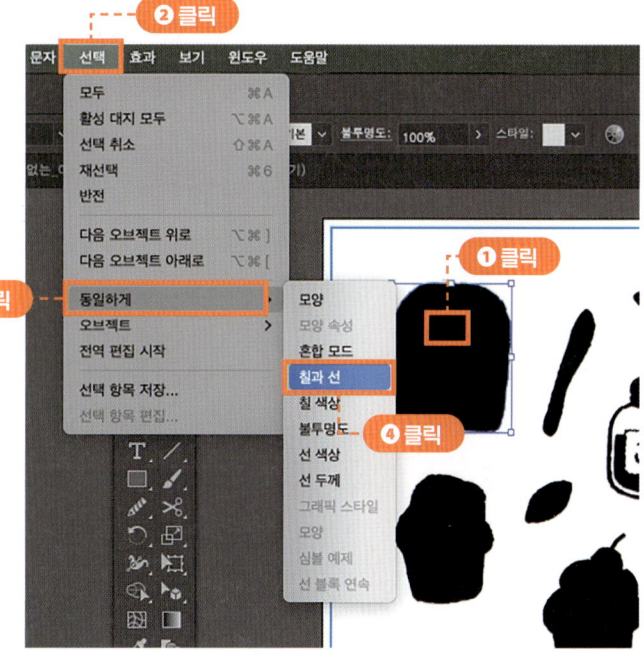

15 모두 선택된 개체의 칠 색은 '없음', 선 색은 검은색으로 변경합니다.

16 [오브젝트] > [패스] > [패스 이동]을 선택 후 이동을 1mm로 설정하고 확인을 누릅니다.

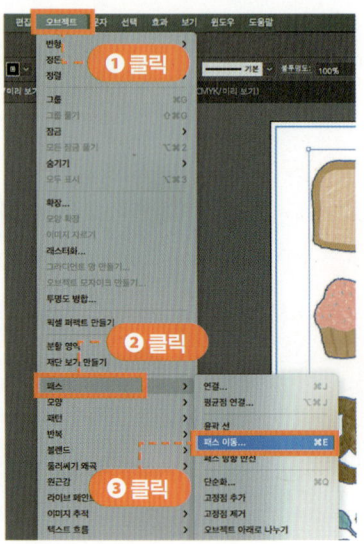

17 패스 이동 된 선들의 컬러를 M100, 두께를 0.5mm로 변경하고 단면과 모퉁이를 둥글게 설정합니다. 이 선들은 칼선이 됩니다.

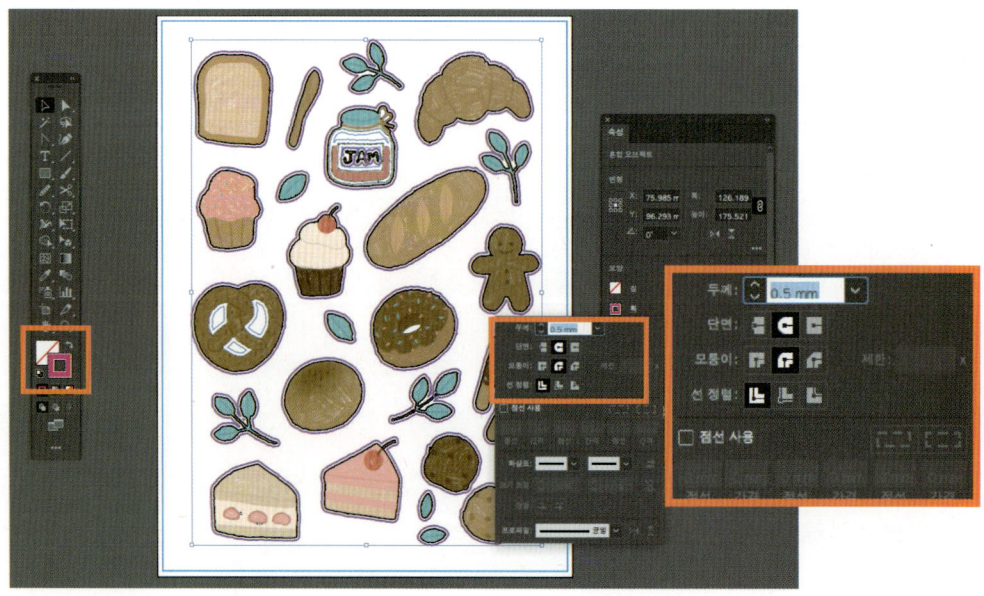

18 이제는 불필요해진 검은색 선을 14와 동일하게 선택하여 삭제합니다.

19 칼선으로 들어가지 않는 부분의 선들은 직접 선택 도구로 선택해 삭제하며 정리합니다.

20 사진과 같이 겹쳐지는 경우 [패스파인더] 패널로 합칩니다.

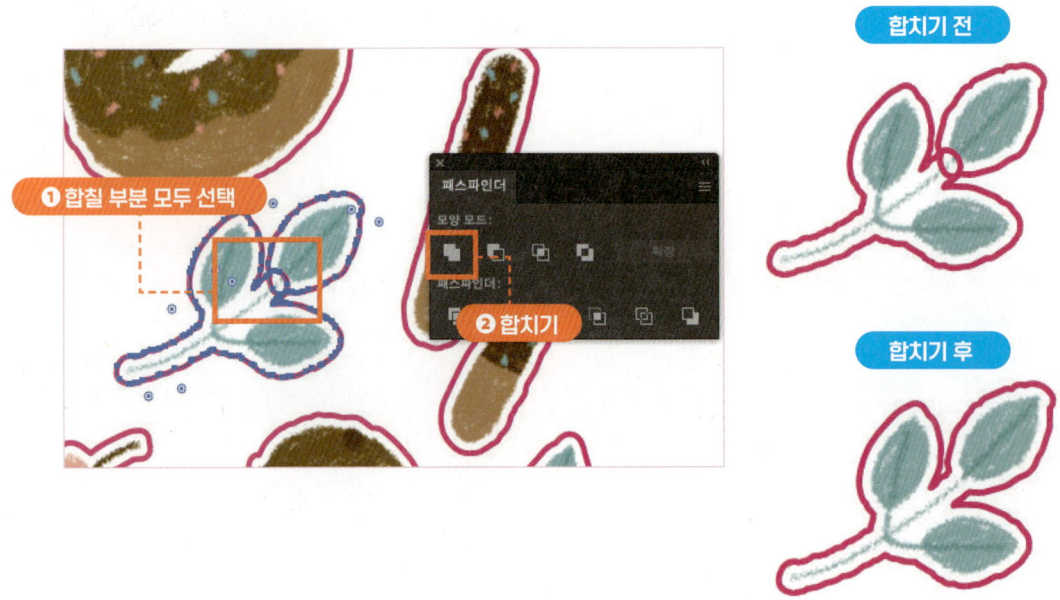

21 정리가 끝난 뒤 칼선 하나를 선택해 봅니다. 사진과 같이 앵커포인트들이 많은 것을 확인할 수 있습니다. 이 앵커포인트의 개수가 너무 많은 경우 업체에 따라 작업이 불가능할 수 있습니다.

22 [오브젝트] > [패스] > [단순화]로 앵커포인트의 개수를 줄입니다. 여기까지 하면 칼선이 쉽게 완성됩니다. 이전에 캐릭터 스티커의 칼선을 만들 때와 같이 펜 도구를 사용해 칼선을 만들 수도 있지만 이렇게 이미지 추적으로도 칼선을 만들 수 있습니다. 이미지 추적으로 칼선을 만들 경우 펜 도구를 사용하는 것보다 쉽지만, 그만큼 정확도가 떨어지는 경우가 많으므로 직접 펜 도구를 사용하여 그리는 방법을 추천합니다.

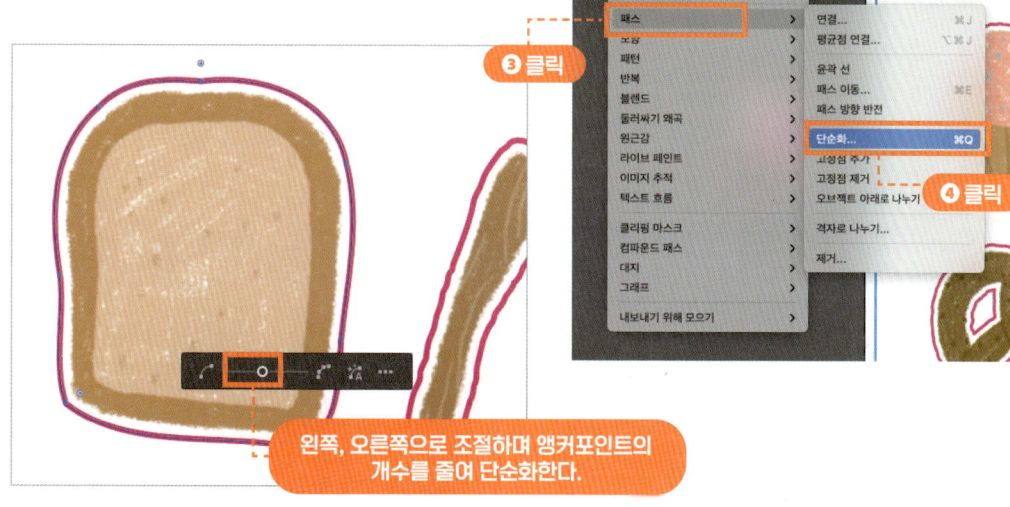

왼쪽, 오른쪽으로 조절하며 앵커포인트의 개수를 줄여 단순화한다.

23 칼선까지 완성되었으니 이제 칼선과 도안 레이어를 분리시켜 주겠습니다. 우선 레이어 하나를 추가합니다.

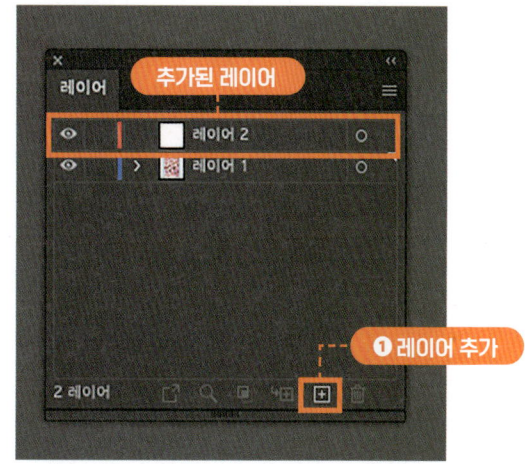

24 칼선 하나를 클릭하고 [선택] > [동일하게] > [칠과 선]을 선택하여 칼선을 모두 선택합니다.

25 헷갈리지 않게 두 레이어의 이름을 도안과 칼선으로 변경합니다. 도안 레이어에서 선택된 칼선을 복사하고 기존에 있던 칼선을 삭제합니다.

26 칼선 레이어를 선택하고 복사했던 칼선을 [편집] > [제자리에 붙이기]로 붙입니다.

TIP : 칼선의 레이어를 옮길 때 복사하기를 사용하지 않고 잘라내기와 제자리에 붙이기를 사용해 작업해도 괜찮습니다.

27 레이어 패널의 눈 아이콘을 껐다 켰다 하며 레이어가 잘 분리되었는지 확인하고 저장하면 완성입니다.

4 손글씨로 스티커 만들기

시중에 많이 판매되는 스티커 중 하나는 한글, 숫자, 알파벳과 같은 글자 스티커입니다. 나만의 손글씨로 한글, 숫자, 알파벳 스티커를 만든다면 폰트로 만든 타 스티커들과는 다른 매력으로 강점이 될 수 있습니다. 아직 그림을 그려 도안을 만드는 게 미숙한 분들은 손글씨 스티커로 먼저 시작해 보세요.

01 프로크리에이트에서 크기 210x297(mm), 색상 프로필 CMYK로 설정한 캔버스를 생성합니다. 여기서 캔버스의 크기는 큰 의미가 없으며 스티커 사이즈보다 크게 작업하면 됩니다.

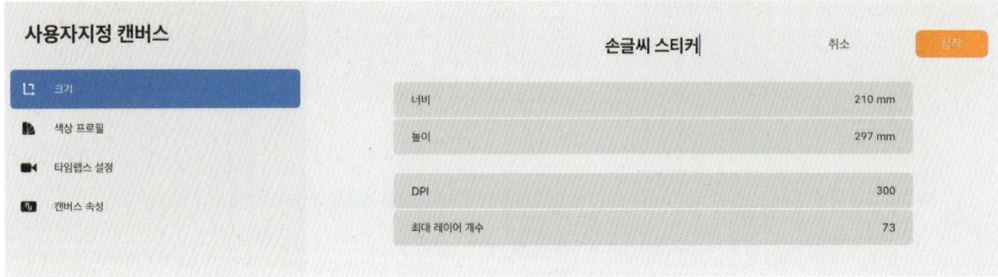

02 브러시 모양은 [서예] > [모노라인]을 사용하고 색상은 검정으로 설정합니다.

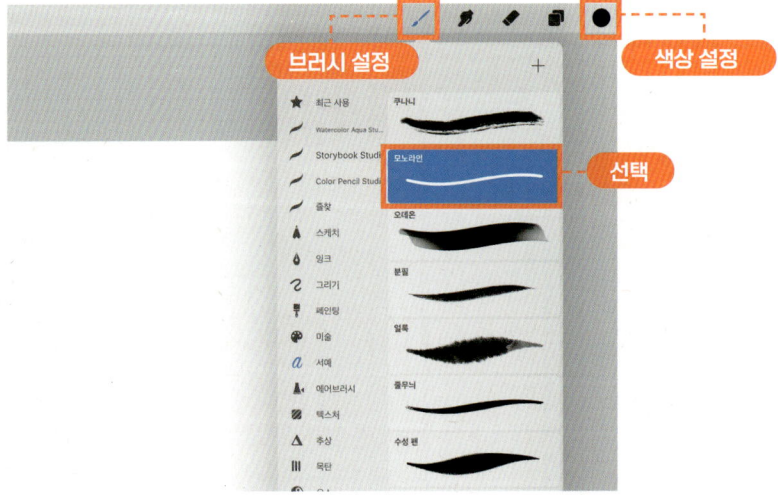

03 브러시의 크기를 최대한으로 설정하고 나만의 손글씨로 글자를 그립니다.

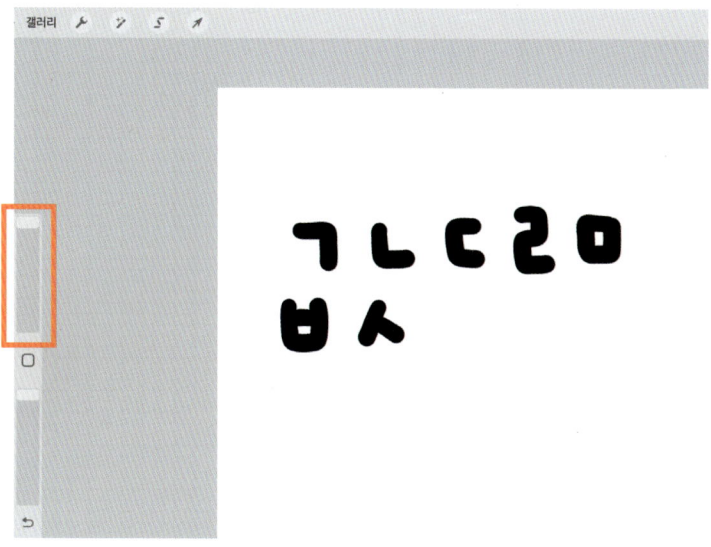

04 배경 레이어를 숨기고 [동작] > [공유] > [PSD]로 저장한 후 파일을 PC로 옮깁니다.

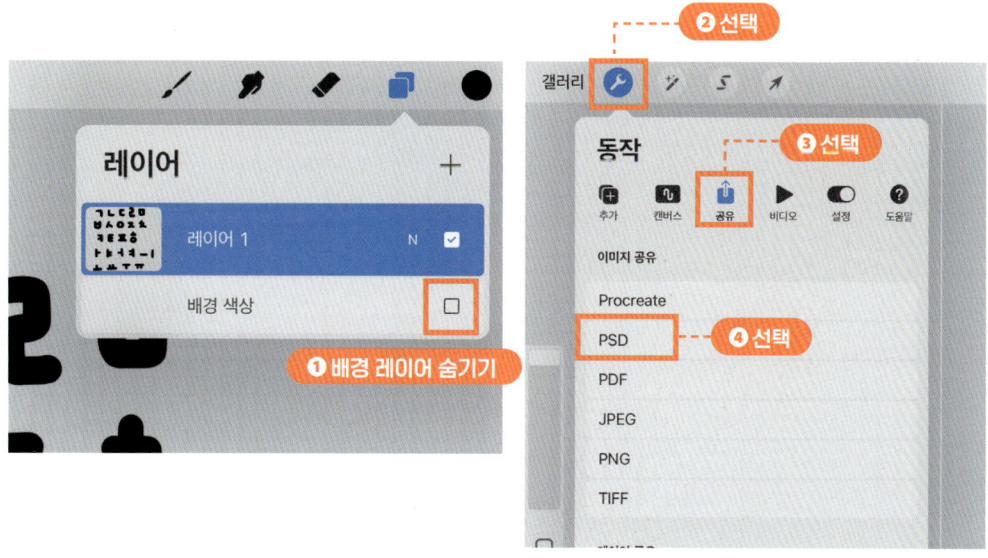

05 일러스트레이터에서 50x150(mm) 사이즈의 새 아트보드를 생성합니다.

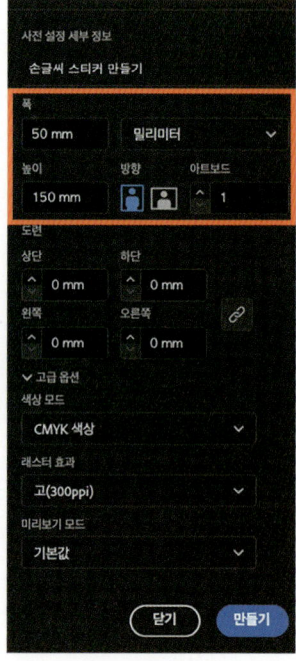

06 스티커 사이즈인 50x150(mm)보다 사방 2mm씩 작은 46x146(mm) 사이즈의 사각형을 파란색으로 그려 안전선 표시를 합니다.

07 [파일] > [열기]로 프로크리에이트에서 저장한 PSD 파일을 불러옵니다. 이때, [레이어를 오브젝트로 변환]을 체크합니다.

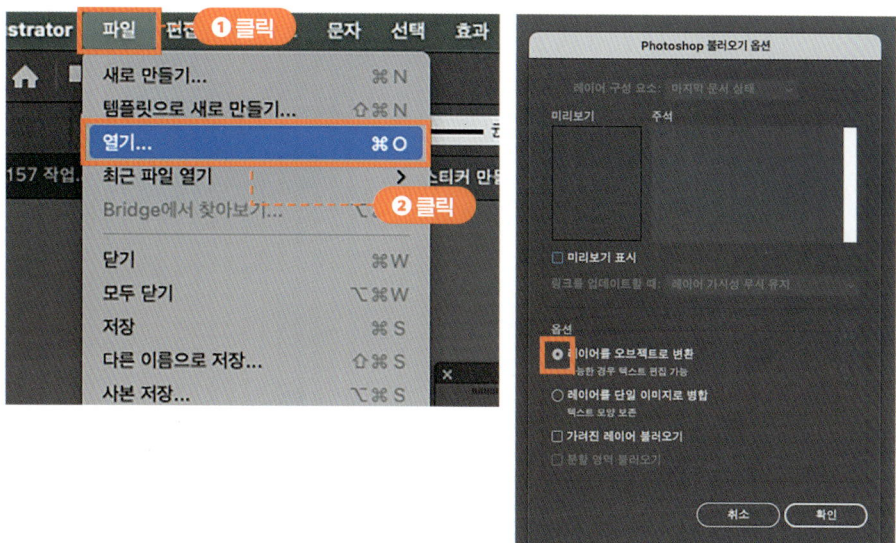

08 불러온 PSD 파일을 선택하고 [오브젝트] > [이미지 추적] > [만든 후 확장]으로 비트맵 이미지를 벡터 이미지로 전환합니다. 전환된 벡터 이미지를 선택하고 [오브젝트] > [그룹 풀기]로 그룹을 해제하면 검은색의 글씨와 흰색의 배경이 나뉘어집니다. 배경은 지우고 글씨만 선택해 복사합니다.

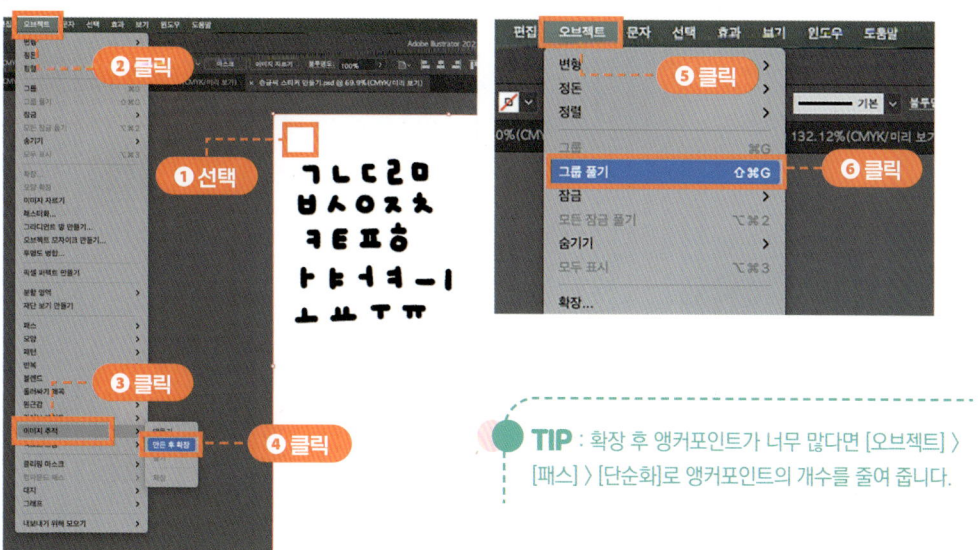

TIP : 확장 후 앵커포인트가 너무 많다면 [오브젝트] > [패스] > [단순화]로 앵커포인트의 개수를 줄여 줍니다.

09 새로 만든 아트보드에 복사한 글자를 붙여 넣고 안전선 안에 맞게 크기를 조절합니다.

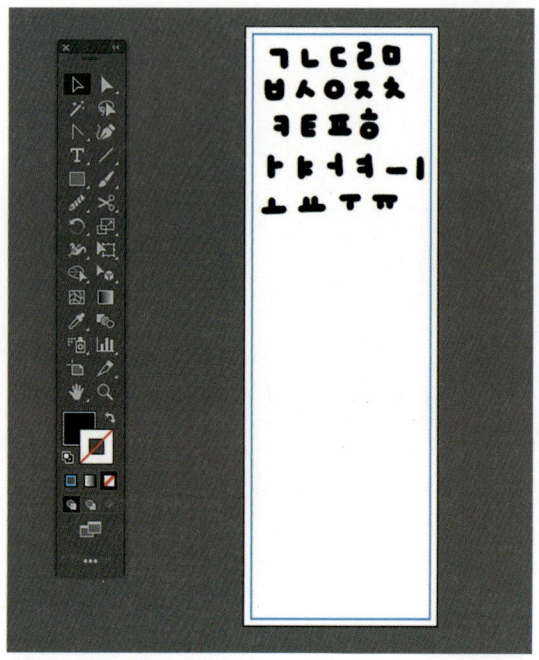

10 검은색 글씨들을 칠 색 없음, 선 색 M100, 두께 0.3mm로 설정하고, 단면과 모퉁이를 둥글게 설정합니다.

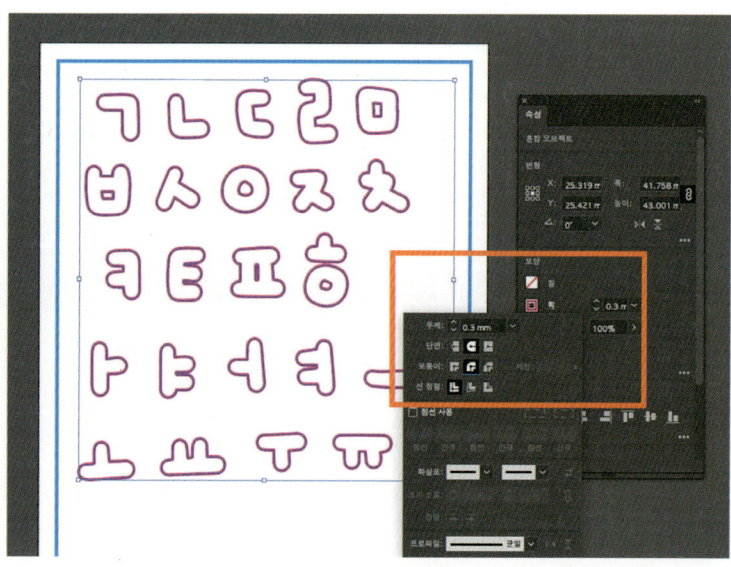

11 [오브젝트] > [패스] > [패스 이동]으로 여유 부분을 만듭니다. 패스 이동 크기를 1mm로 설정하였으나 업체별로 요구하는 여유의 크기가 다르니 업체에 따라 설정합니다.

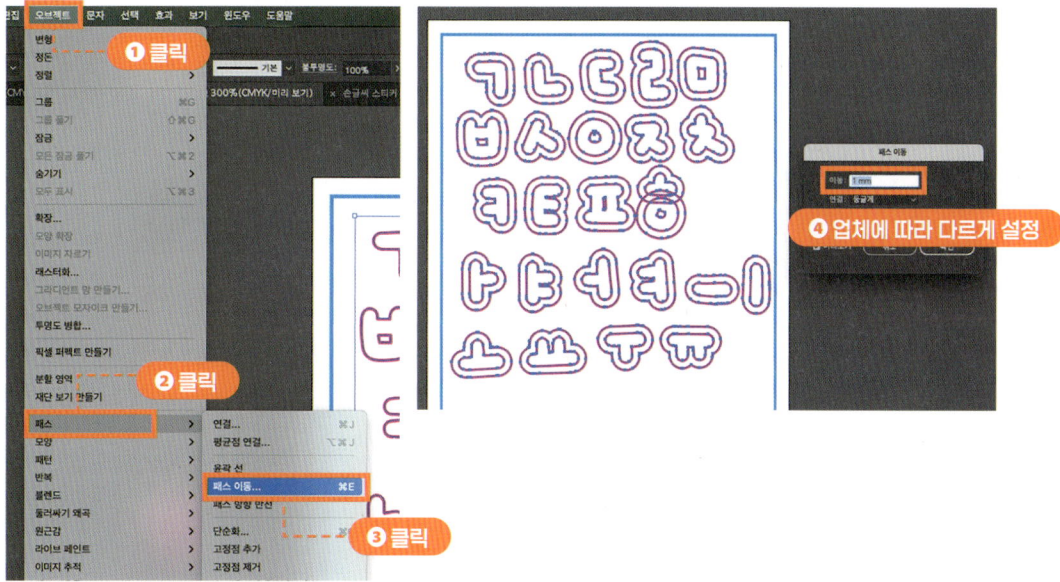

12 패스 이동으로 만들어진 여유 부분을 원하는 색상으로 채웁니다. 이때 정리할 곳이 있다면 패스파인더로 정리합니다.

13 한 글자의 여유칠한 부분과 칼선 부분을 모두 선택하고 [오브젝트] > [그룹]으로 그룹을 만듭니다. 동일한 방법으로 모든 글자를 각각 그룹화합니다.

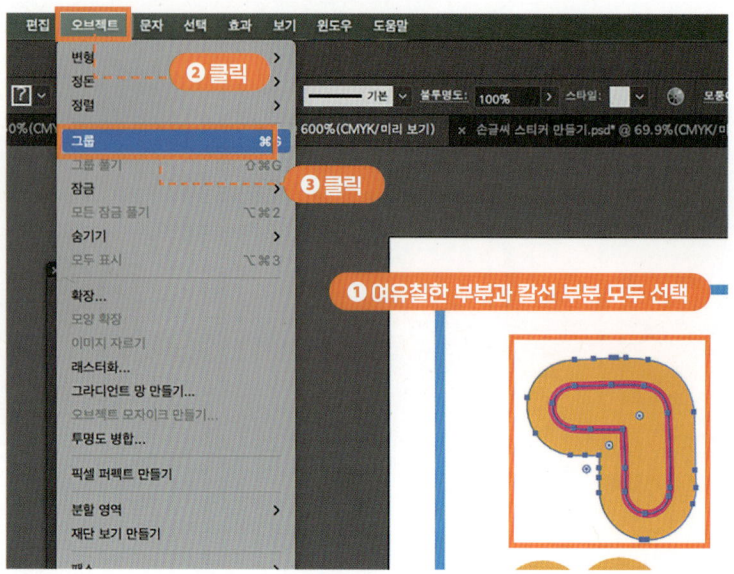

14 파란색으로 만들어 둔 안전선을 넘어가지 않도록 글자들을 배치합니다. 미리 그룹화해 두면 글자들을 배치할 때 편리합니다.

15 전체적인 배치가 끝나면 안전선은 삭제하고 레이어를 추가해 칼선 레이어와 도안 레이어로 이름을 변경합니다.

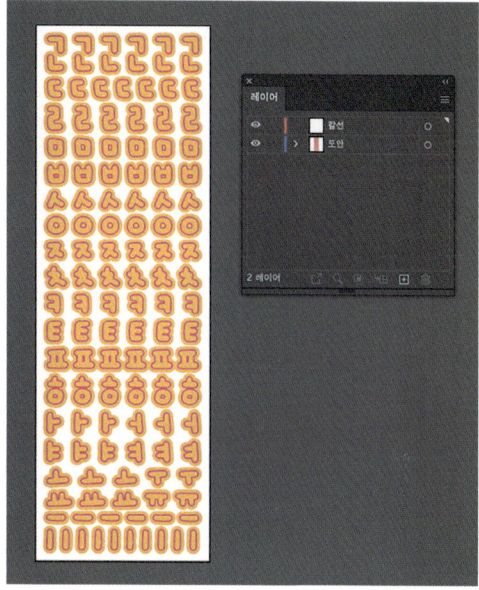

16 도안 레이어에 있는 칼선을 칼선 레이어로 옮길 차례입니다. 직접 선택 도구로 글자 하나의 칼선을 선택하고 [선택] > [동일하게] > [칠과 선]으로 칼선을 모두 선택합니다. 선택된 모든 칼선을 복사한 후 삭제합니다.

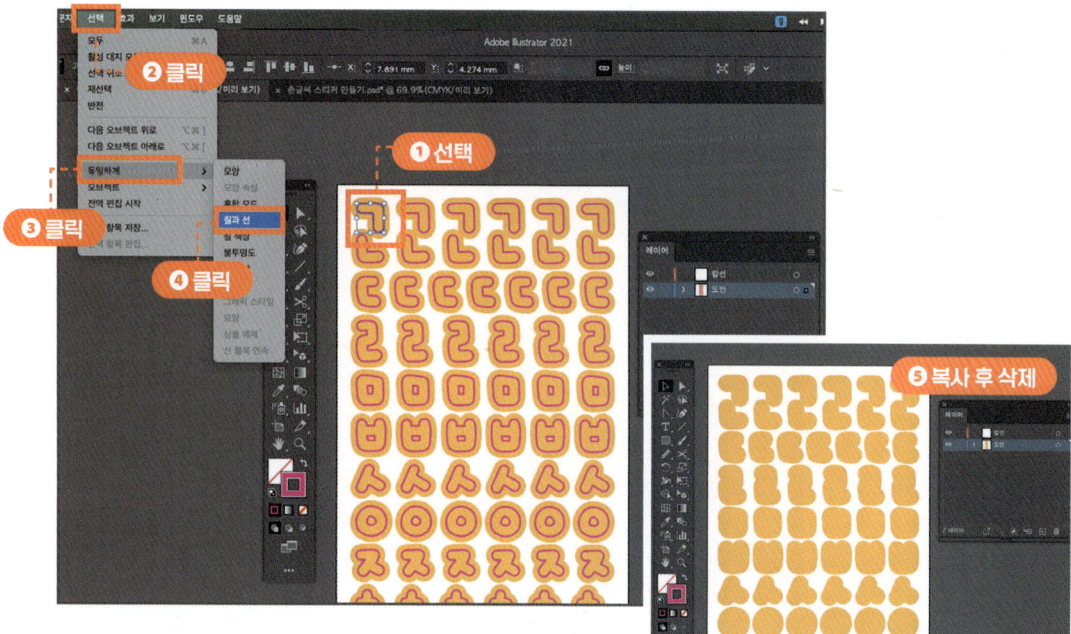

17 칼선 레이어를 선택하고 [편집] > [제자리에 붙이기]로 칼선을 붙여 넣습니다.

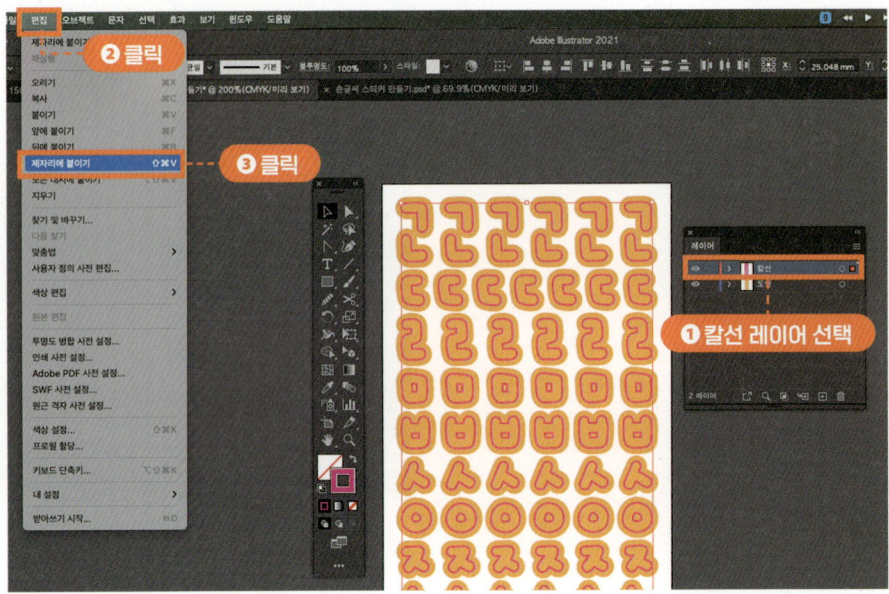

18 레이어 패널의 눈 아이콘을 껐다 켰다 하며 레이어가 잘 분리되었는지 확인하고 저장하면 완성입니다.

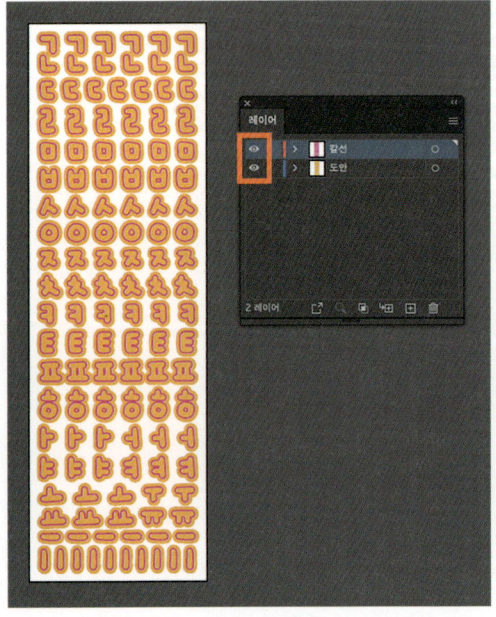

5 무료 폰트로 스티커 만들기

손글씨 스티커는 남들과 다른 나만의 폰트라는 강점이 있지만 글씨를 잘 못 쓰는 분들에겐 부담스러울 수 있습니다. 그런 분들을 위해 폰트를 사용해서 스티커를 만드는 방법을 알려 드릴게요. 폰트를 사용해서 스티커를 만드는 방법은 어렵지 않고 단순하지만 유의해야 할 점이 있습니다. 바로 폰트 저작권 문제입니다. 저작권 침해는 법적으로 문제가 될 수 있기에 반드시 확인하고 작업해야 합니다. 상업적으로도 무료로 사용 가능한 폰트를 찾고 스티커로 제작하는 방법을 배워봅시다.

01 www.dafont.com 사이트에 접속합니다. 다폰트 사이트는 다양한 영문 폰트를 다운로드받을 수 있는 사이트로 상업적 무료 이용이 가능한 폰트도 다운로드받을 수 있습니다. 카테고리에서 원하는 스타일을 선택하고 [More options]를 클릭합니다.

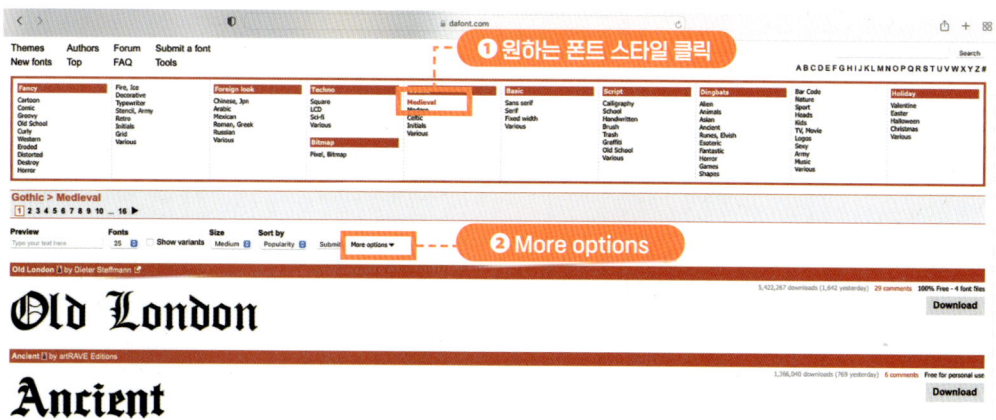

02 100% Free를 체크해서 무료 폰트를 검색합니다. 폰트에도 저작권이 있기 때문에 꼭 사용하기 전에 상업적으로 사용 가능한 폰트인지 확인해야 합니다.

03 원하는 폰트를 찾은 후 Download 버튼을 눌러 폰트를 다운로드하고 PC에 폰트를 설치합니다.

04 일러스트레이터에서 50x150(mm) 사이즈의 새 아트보드를 생성합니다.

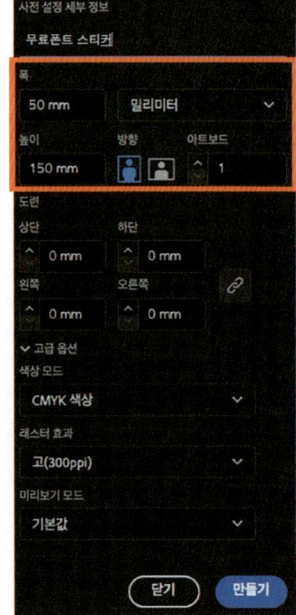

05 스티커 사이즈인 50x150(mm)보다 사방 2mm씩 작은 46x146(mm) 사이즈의 사각형을 파란색으로 그려 안전선 표시를 합니다.

06 텍스트 도구를 선택해 A에서 Z까지 텍스트를 입력하고 문자 패널에서 폰트를 다운로드받은 폰트로 변경합니다.

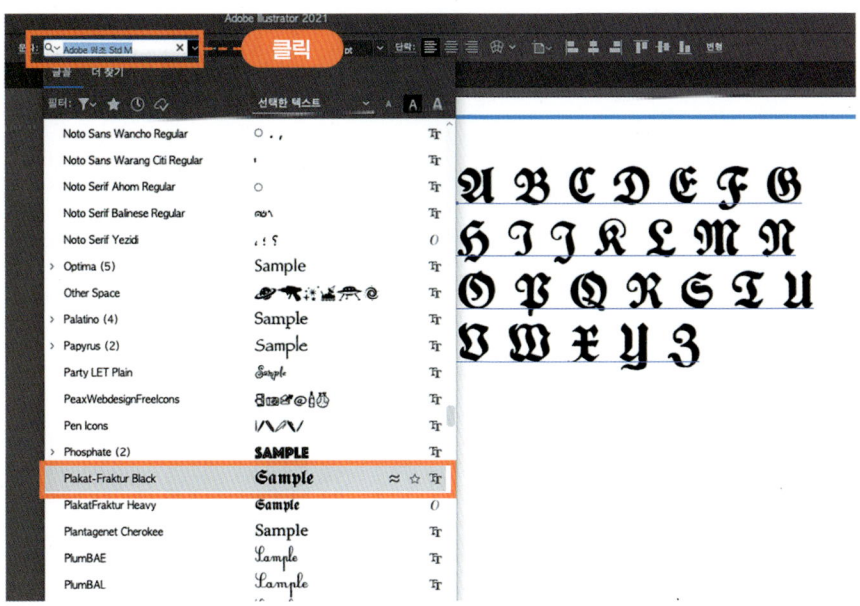

07 6x6(mm) 사이즈의 작은 사각형을 만듭니다. 글자가 너무 작을 경우 칼선 작업이 힘들 수 있어 최소한의 크기를 사각형으로 잡아 두고 사각형에 맞춰 글자의 크기를 조절합니다. 최소 크기는 제작 업체별로 다르므로 문의 후 제작합니다.

08 선택 도구로 텍스트 박스를 선택하고 [문자] > [윤곽선 만들기]로 아웃라인을 깨 줍니다.

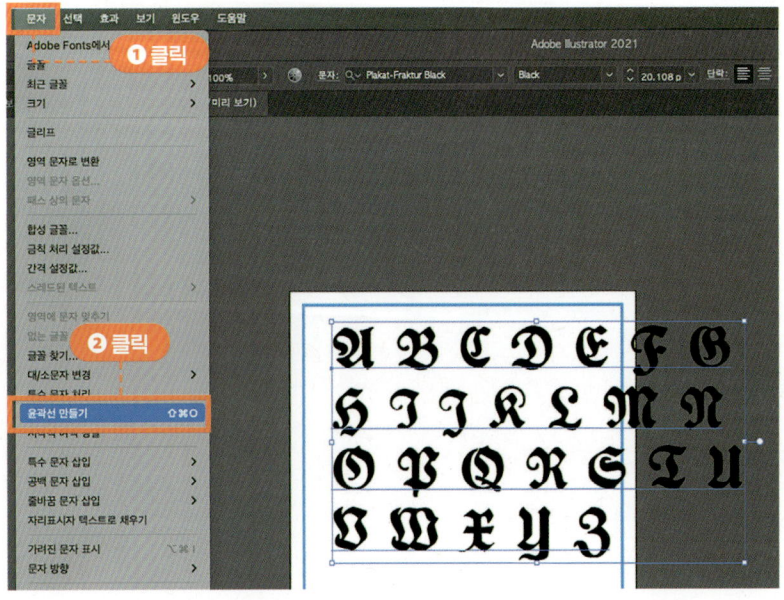

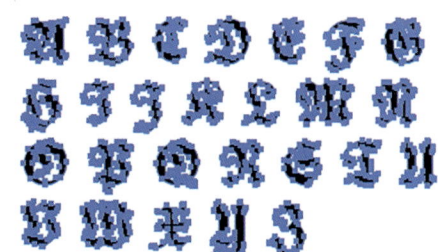

09 아웃라인을 깬 글자를 [오브젝트] > [그룹 풀기]로 그룹을 해제하고 칠 색 없음, 선 색 M100, 두께 0.3mm로 설정합니다. 선 색, 선 두께, 단면, 모퉁이 등의 속성을 사진을 참고하여 제작 업체에서 제공하는 칼선 스타일에 맞게 변경합니다.

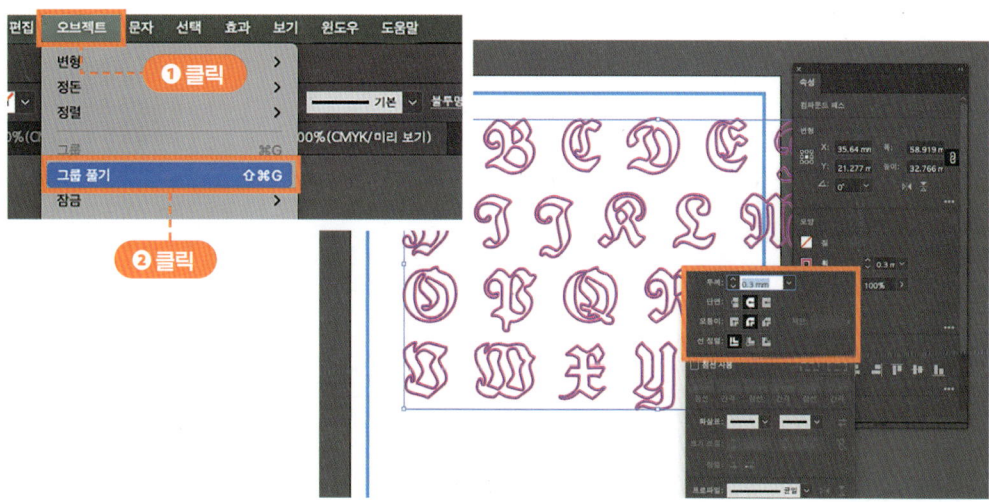

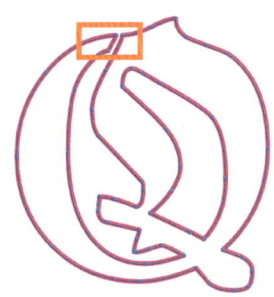

칼선으로 변경 후 사진과 같이 칼선끼리의 간격이 너무 가까우면 작업이 어려울 수 있습니다. 이럴 경우는 직접 선택 도구로 조금씩 조절하거나 다른 폰트를 찾아봅니다.

10 칼선으로 바꿔 준 글자들을 모두 선택한 후 [오브젝트] > [패스] > [패스 이동]으로 여유 부분을 만듭니다. 패스 이동 크기를 1mm로 설정하였으나 업체별로 요구하는 여유의 크기가 다르니 업체에서 요구하는 크기에 따라 설정합니다.

11 패스 이동으로 만들어진 여유 부분을 원하는 색상으로 채웁니다.

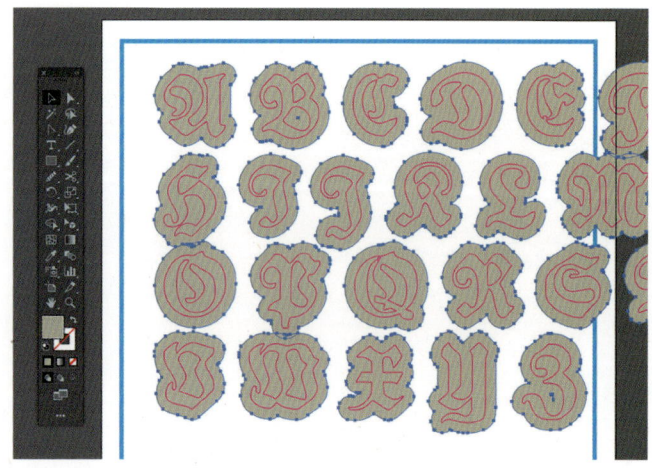

12 한 글자의 칠한 여유 부분과 칼선 부분을 모두 선택하고 [오브젝트] > [그룹]으로 그룹화합니다. 동일한 방법으로 모든 글자를 각각 그룹화합니다.

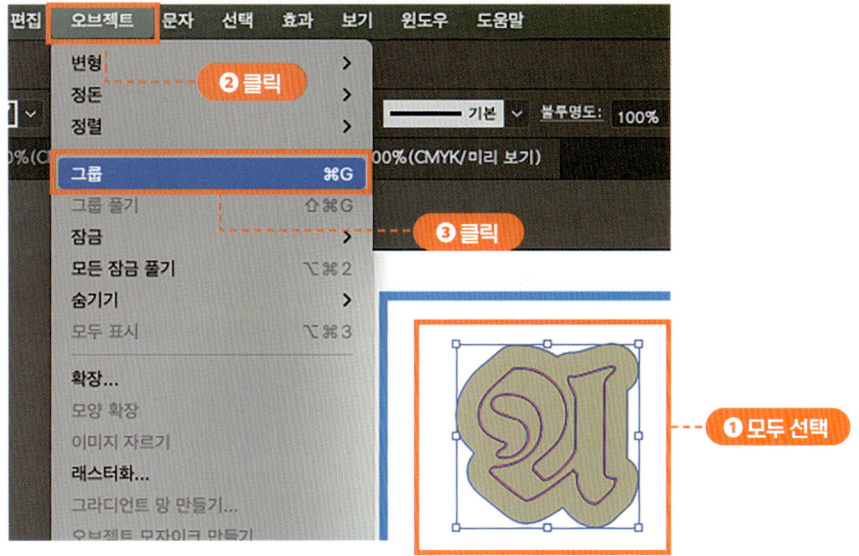

13 파란색으로 만들어 둔 안전선을 넘어가지 않도록 글자들을 배치합니다. 미리 그룹을 만들어 두면 글자를 배치할 때 편리합니다.

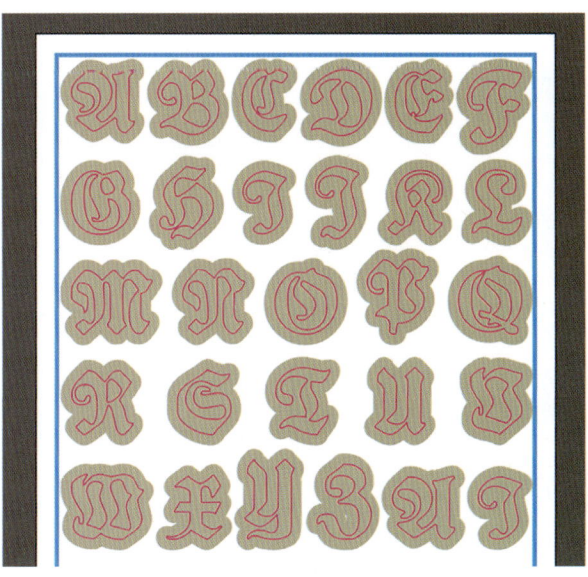

14 전체적인 배치가 끝나면 안전선은 삭제하고 레이어를 추가해 칼선 레이어와 도안 레이어로 나눕니다.

15 도안 레이어에 있는 칼선을 칼선 레이어로 옮길 차례입니다. 직접 선택 도구로 글자 하나의 칼선을 선택하고 [선택] > [동일하게] > [칠과 선]으로 칼선을 모두 선택합니다. 선택된 모든 칼선을 복사한 후 기존의 칼선들은 삭제합니다.

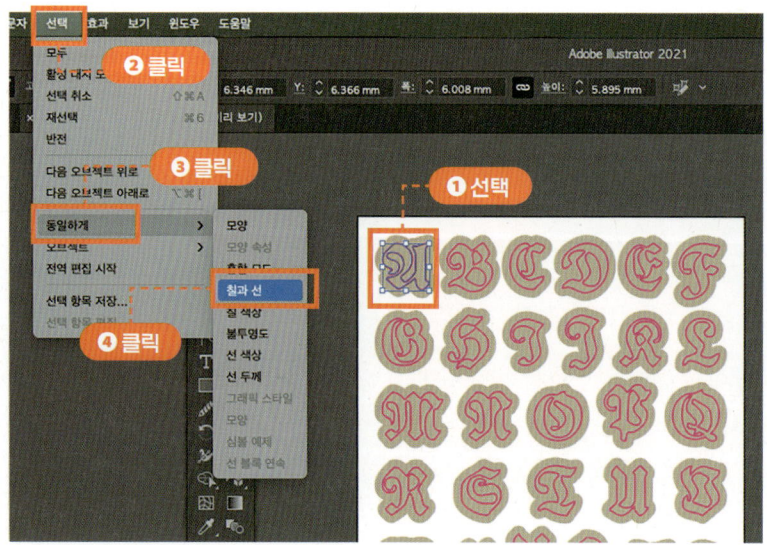

16 칼선 레이어를 선택하고 [편집] > [제자리에 붙이기]로 칼선을 붙여 넣습니다.

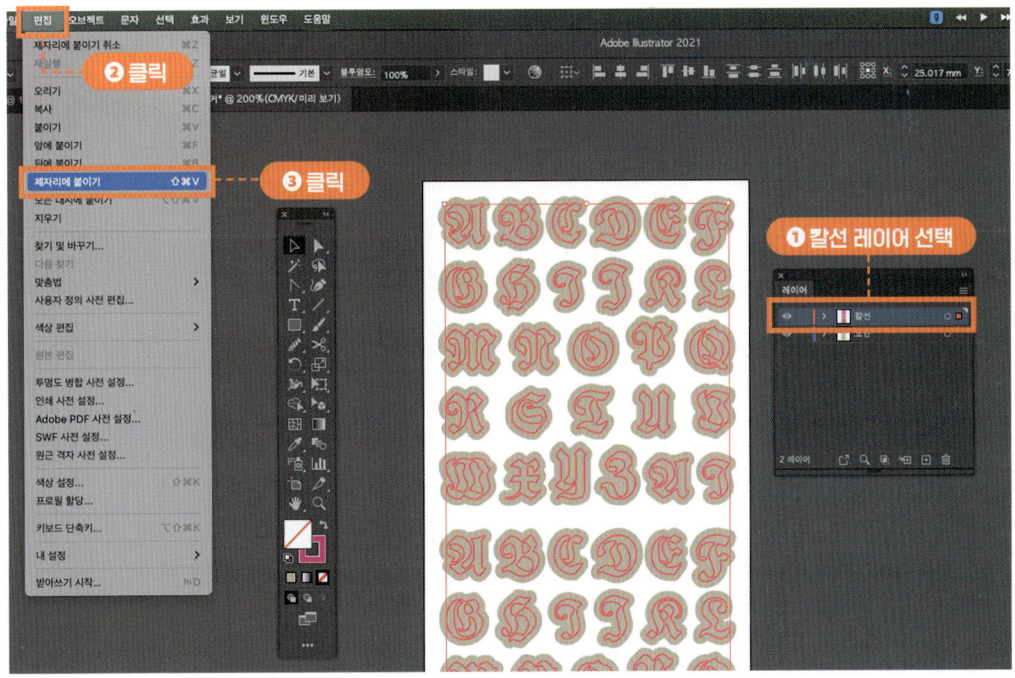

17 레이어 패널의 눈 아이콘을 껐다 켰다 하며 레이어가 잘 분리되었는지 확인하고 저장하면 완성입니다.

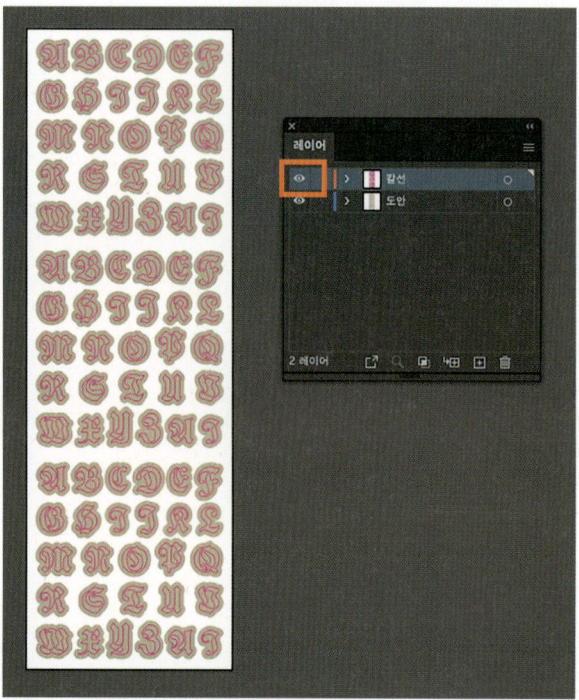

6 사진으로 판스티커 만들기

사진으로 판스티커 만들기는 스티커 제작 방법 중 난이도가 가장 낮으며 디자인 프로그램이 따로 없어도 제작이 가능한 방법입니다. 디자인 프로그램 사용이 부담스러우신 분들은 판스티커 만들기로 먼저 도전해 보세요. 단, 판매에 사용할 사진은 반드시 저작권 문제가 없는 사진을 사용해야 합니다. 내가 찍은 사진들을 모아서 다양한 모양의 판스티커를 만들어봅시다.

01 사진으로 만드는 판스티커는 디자인 프로그램이 따로 필요하지 않아 사진만 가지고 있으면 제작할 수 있습니다. 판스티커를 제작하는 업체의 사이트에 접속하고 스티커 카테고리에서 [판스티커]를 찾아 들어갑니다.

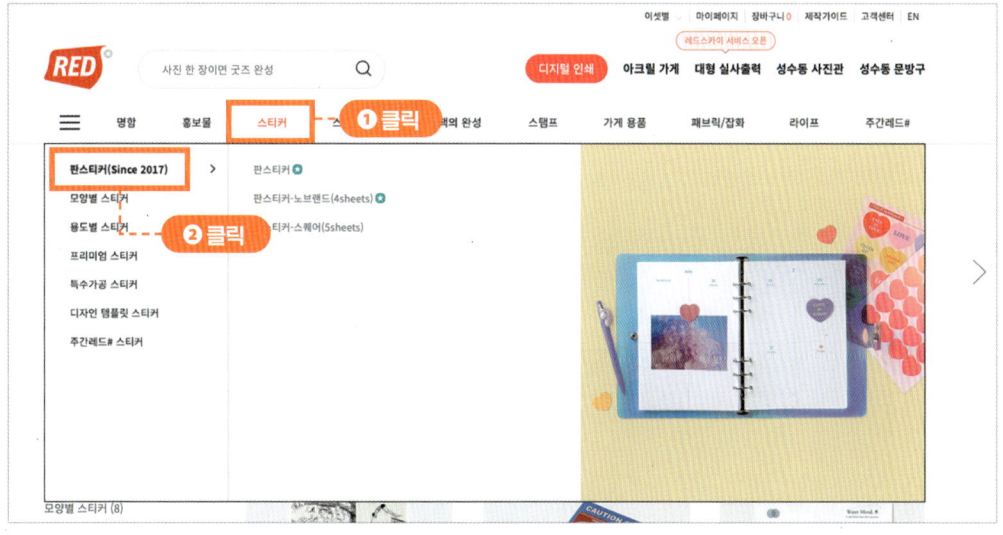

레드프린팅 앤 프레스 홈페이지

02 업체에서 제공하는 다양한 종류의 템플릿을 확인할 수 있습니다. 이 중에서 원하는 템플릿을 골라 봅니다.

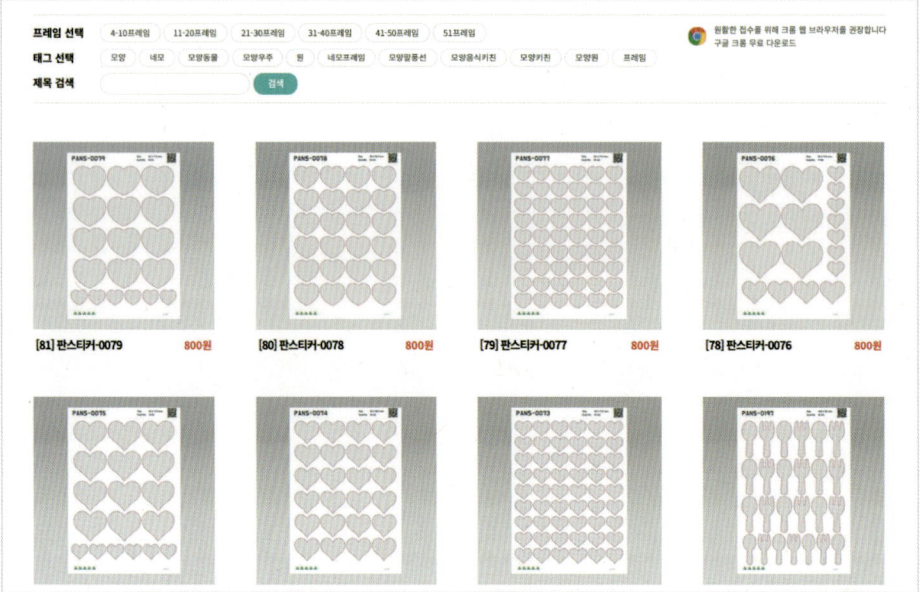

03 템플릿을 고르고 [편집하기] 버튼을 클릭합니다.

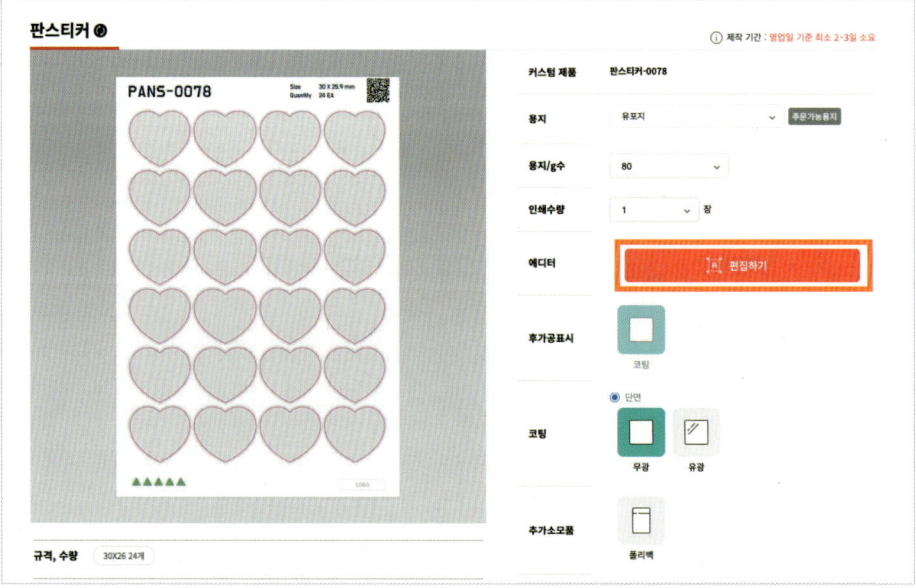

04 스티커로 제작할 사진들을 [사진 가져오기]를 통해 불러옵니다.

05 불러온 사진들을 업체에서 제공해 준 템플릿 위에 하나하나 드래그해 옮겨 넣습니다.

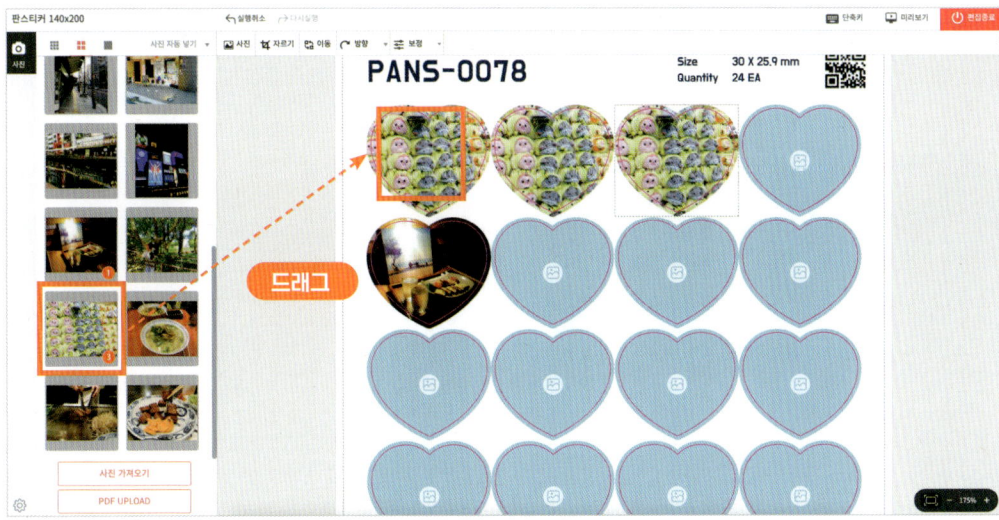

Class 3. 스티커

06 빈 칸에 사진을 모두 채웠다면 [편집 종료]를 클릭합니다. 이때 업체별 인쇄 주의 사항 안내를 꼼꼼히 확인합니다.

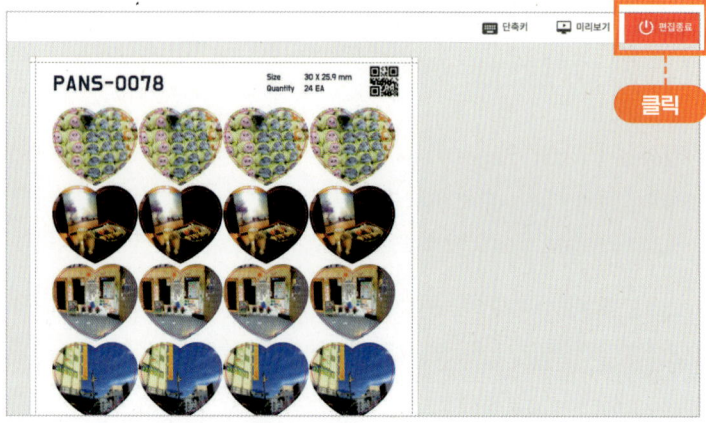

07 용지, 인쇄 수량, 코팅 등을 체크하고 주문하기를 클릭하면 완성입니다.

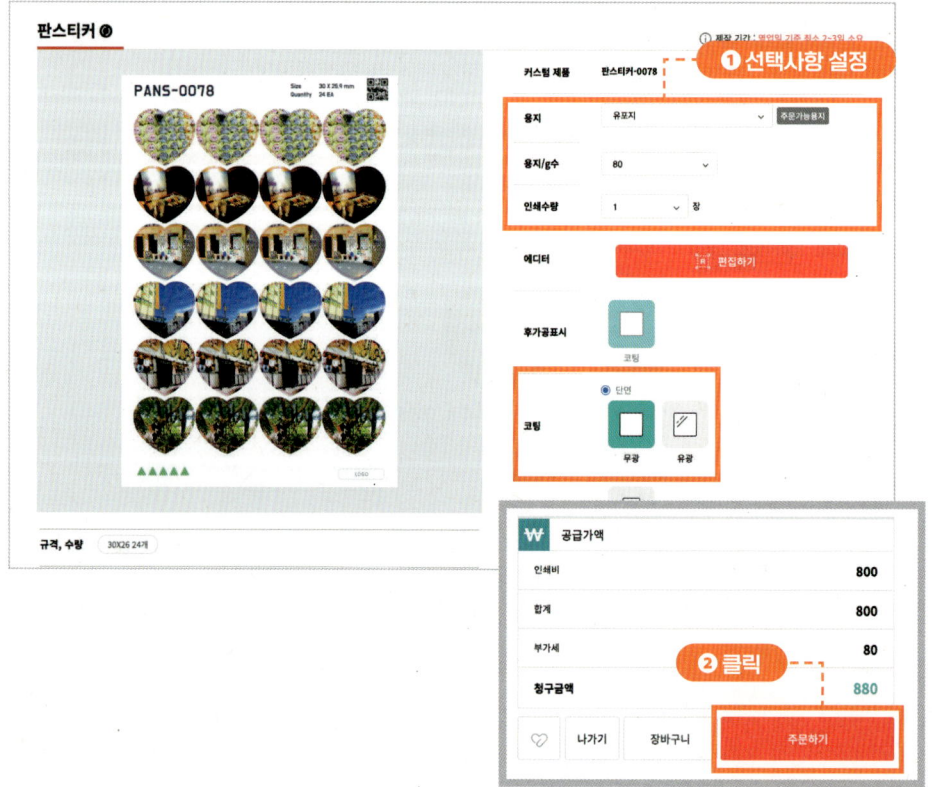

7 인쇄소 스티커 만들기

인쇄소 스티커(사각 재단 스티커)는 칼선 없이 직접 오려서 사용하는 스티커입니다. 단가가 낮아 저렴한 가격으로 제작이 가능합니다. 칼선 작업이 없는 만큼 원하는 도안을 자유롭게 표현할 수 있다는 장점이 있습니다. 단, 구매자 입장에서 사용 방법이 번거롭다 보니 사용자가 한정되는 경우가 생길 수 있습니다. 캐릭터 그림에 자신이 있는데 칼선 작업이 미숙해 어려우신 분들 또는 스티커 제작에 처음 도전하시는 분들께 추천합니다.

01 프로크리에이트에서 크기를 90x90(mm), 색상 프로필을 CMYK로 설정한 캔버스를 생성합니다.

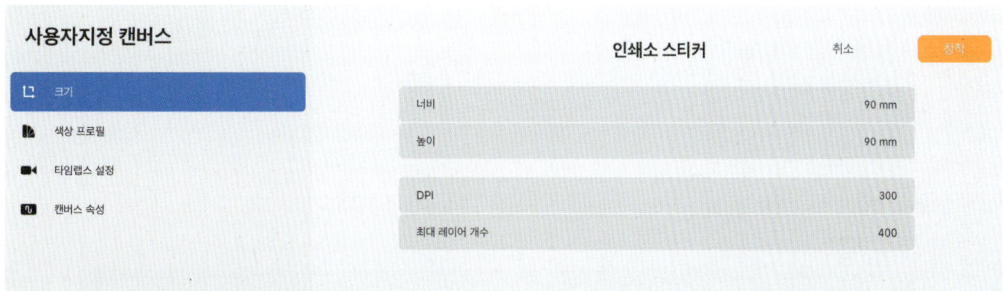

02 스티커 도안을 그립니다. 도안이 완성되면 배경 레이어를 숨기고 [동작] > [공유] > [PSD]로 저장합니다. 파일을 PC로 옮깁니다.

03 일러스트레이터에서 90x90(mm) 사이즈의 새 아트보드를 생성합니다.

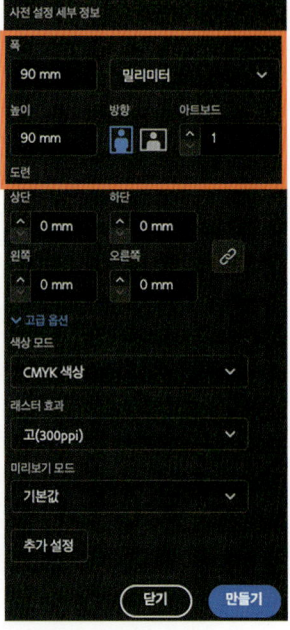

04 스티커 사이즈인 90x90(mm)보다 사방 3mm씩 작은 84x84(mm) 사이즈의 사각형을 파란색으로 그려 안전선 표시를 합니다.

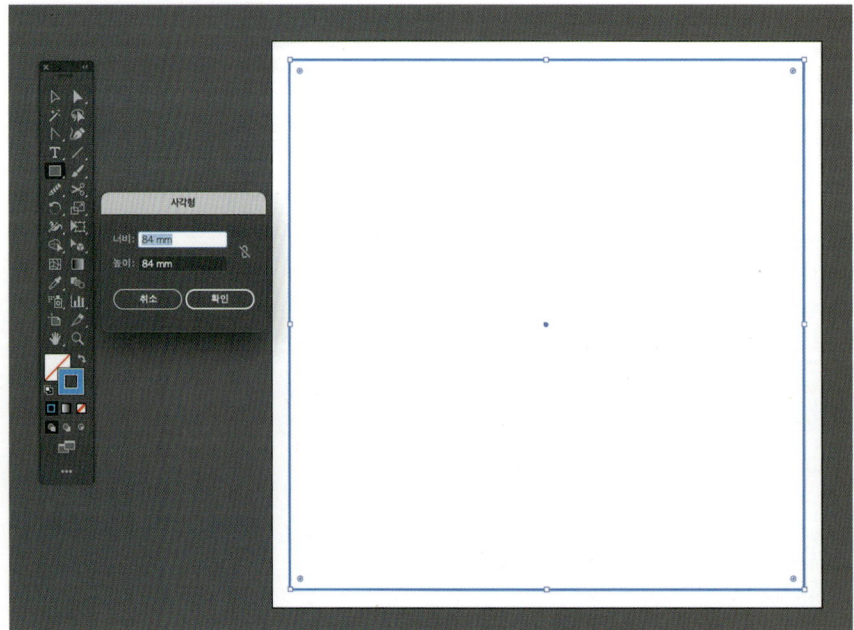

TIP : 업체에서 제공하는 칼선 템플릿을 다운로드해서 사용하는 방법도 있습니다.

05

[파일] > [열기]로 프로크리에이트에서 저장한 PSD 파일을 불러옵니다. 이때, [레이어를 오브젝트로 변환]을 체크합니다.

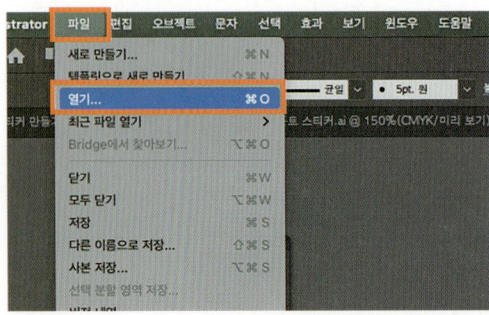
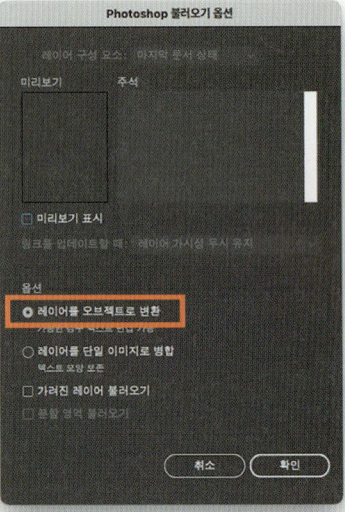

06

불러온 파일에서 이미지를 복사하고 새로 만든 아트보드로 돌아와 [편집] > [제자리에 붙이기]로 붙여 넣습니다. 이때, 안전선 밖으로 도안이 튀어나가지 않았는지 확인합니다.

07 파란색 안전선을 삭제하고 저장하면 완성입니다.

TIP : 인스(인쇄소 스티커)는 따로 칼선 제작이 필요 없기 때문에 굿즈 제작이 쉬운 편입니다.

Class 4.
기타 문구류 굿즈

1 미니 달력 만들기

    미니 달력은 명함 사이즈 달력으로 휴대폰 케이스 뒷면에 넣어 휴대하기 좋게 디자인되었습니다. 탁상 달력이나 벽걸이 달력과 같은 일반적인 달력들은 제작 비용 면이나 재고 면에서 부담이 큰 편으로 개인 작가들이 제작하기엔 무리가 있는 경우가 있습니다.

    그래서 처음 달력 굿즈를 도전하시는 분들께는 비교적 저렴한 명함을 달력 디자인으로 제작하여 만든 미니 달력을 추천합니다.

01 프로크리에이트에서 크기 50x90(mm), 색상 프로필 CMYK로 설정한 캔버스를 생성합니다.

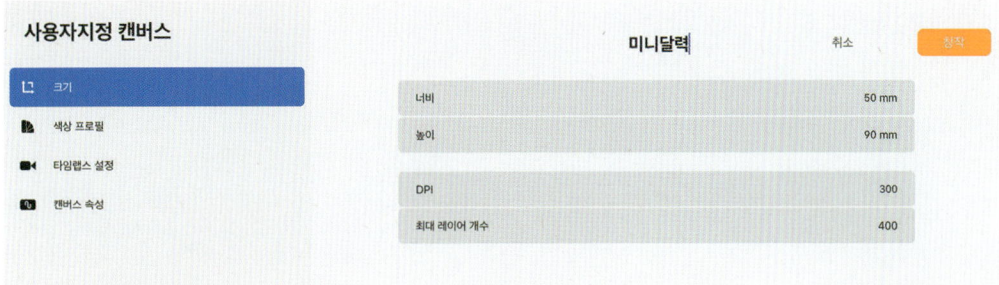

02 1월~12월 안에 들어갈 디자인들을 각각 레이어를 나눠서 그립니다.

03 미니 달력 사이즈와 동일한 사이즈의 캔버스를 생성했기 때문에 캔버스를 기준으로 1월~12월의 이미지들의 위치를 조절합니다. 배경 레이어를 끄고 [동작] > [공유] > [PSD]로 저장합니다. 파일을 PC로 옮깁니다.

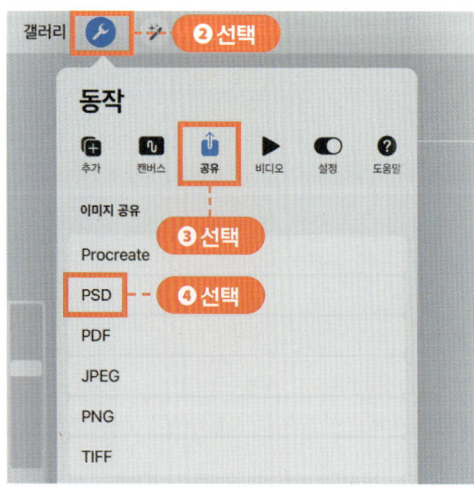

04 일러스트레이터에서 50x90(mm) 사이즈의 새 아트보드를 24개 생성합니다. 도련은 사방 2mm로 설정합니다. 이때 [추가 설정]에서 대지 배열 순서를 사진과 같이 첫 번째로 체크하고 열은 2로 설정합니다.

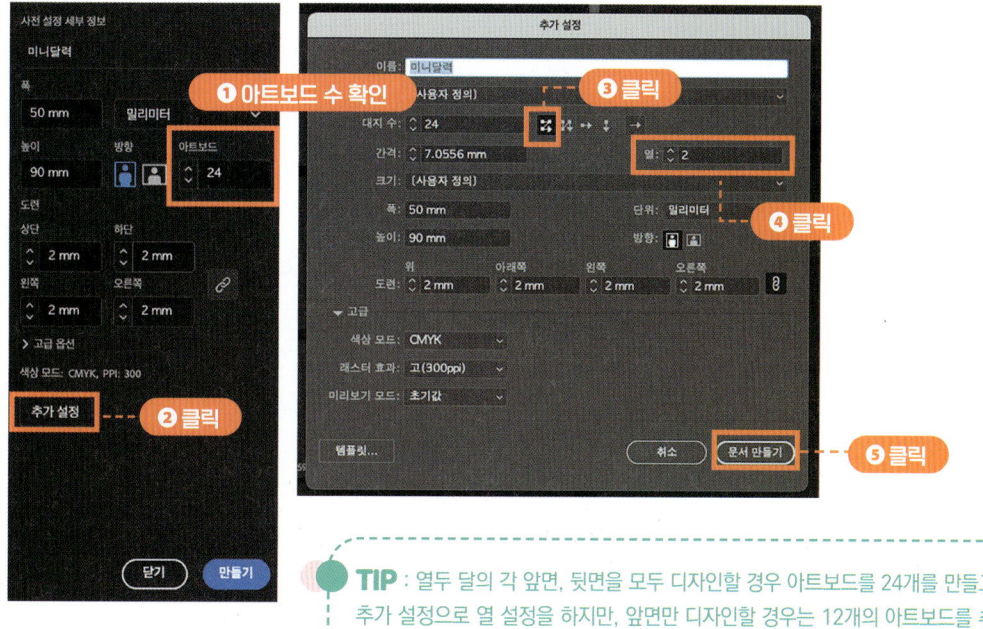

TIP : 열두 달의 각 앞면, 뒷면을 모두 디자인할 경우 아트보드를 24개를 만들고 추가 설정으로 열 설정을 하지만, 앞면만 디자인할 경우는 12개의 아트보드를 추가 설정 없이 생성해도 됩니다.

05 [파일] > [열기]로 프로크리에이트에서 저장한 PSD 파일을 불러옵니다. 이때, [레이어를 오브젝트로 변환]을 체크합니다.

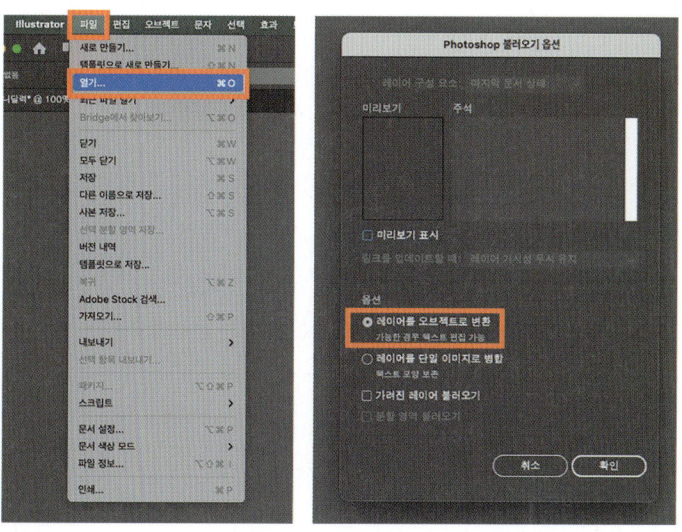

06 사진과 같이 레이어가 다 살아 있는지 확인 후 전체 복사해서 새로 만든 아트보드에 붙여 넣습니다.

07 사진과 같이 아트보드를 1월~12월까지 순서대로 디자인해 보겠습니다. 먼저 붙여 넣기 한 이미지들을 각 달에 맞는 아트보드에 가운데 정렬합니다.

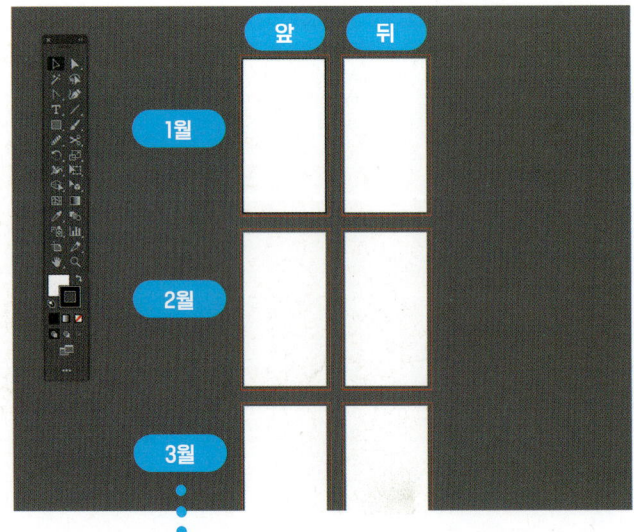

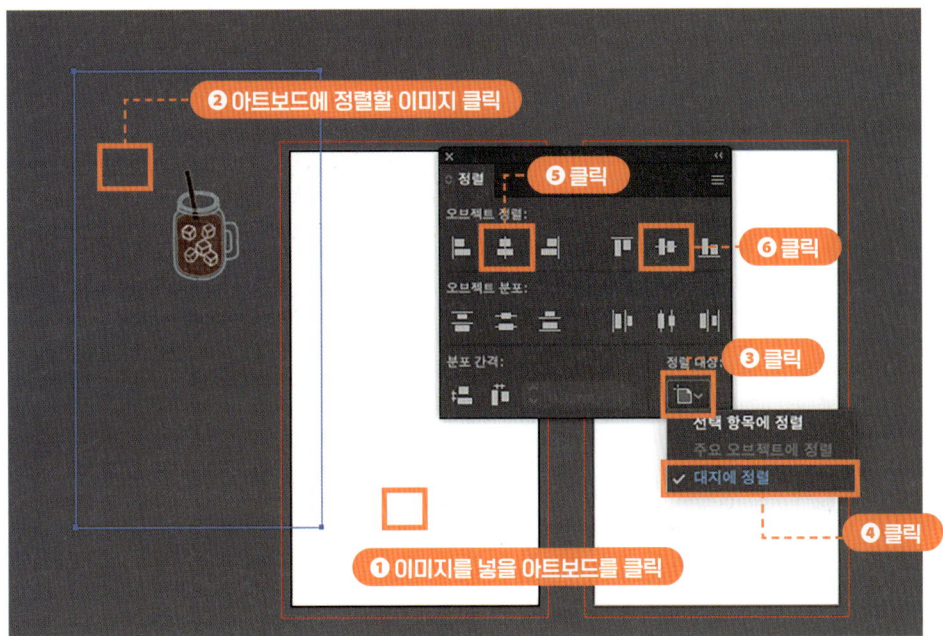

08 텍스트 도구로 날짜를 쓰고 글자를 어울리는 컬러로 변경합니다.

09 뒷면 아트보드에 배경으로 깔아 줄 사각형을 그립니다. 뒷면은 앞면과 통일감 있는 컬러로 배경만 칠합니다. 인쇄 밀림 방지를 위해 명함 사이즈인 50x90(mm)에서 사방 여백 2mm씩 추가한 사이즈 54x94(mm)로 그립니다.

10 날짜를 적은 텍스트와 뒷면 배경을 같이 선택하고 복사합니다. 그리고 다음 달 앞면 아트보드를 클릭한 다음 [편집] > [제자리에 붙이기]로 붙입니다.

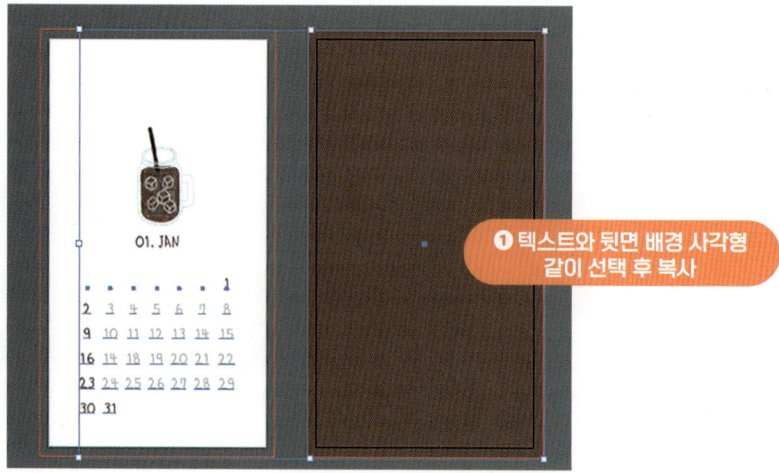

❶ 텍스트와 뒷면 배경 사각형 같이 선택 후 복사

11 복사된 날짜 텍스트와 배경 사각형을 그 달에 맞춰 수정합니다. 나머지 아트보드들도 같은 방법으로 전부 수정해 디자인을 완성합니다.

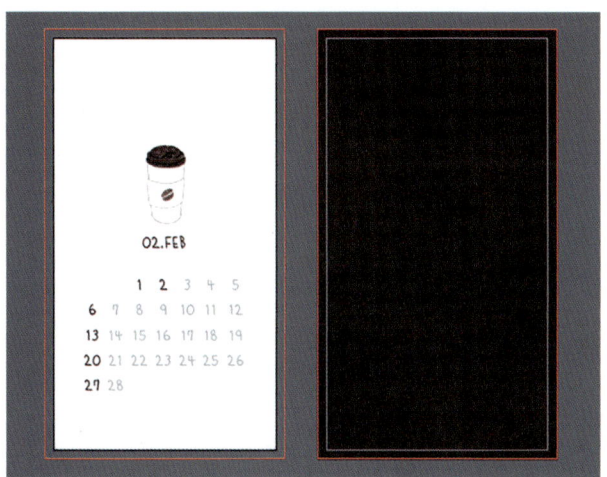

Class 4. 기타 문구류 굿즈

1~12월 디자인 완성

12 [선택] > [모두]로 전체 선택을 한 후 [문자] > [윤곽선 만들기]로 텍스트의 아웃라인을 깨 줍니다. 아웃라인을 깨는 작업을 하기 전 꼭 오탈자가 있는지 확인합니다.

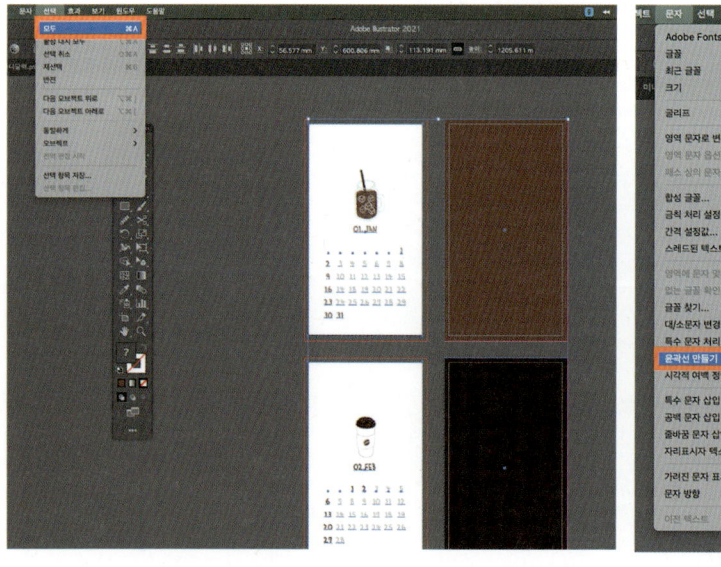 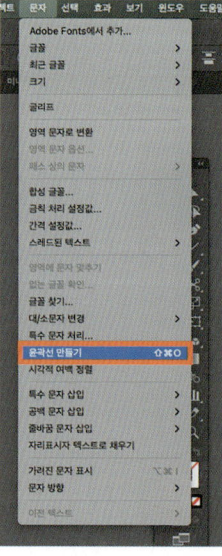

13 사진과 같이 텍스트의 아웃라인이 깨진 것을 확인하고 저장하면 완성입니다. 이렇게 디자인한 달력 파일로 탁상 달력, 벽걸이 달력 등을 다양하게 만들어 볼 수 있습니다. 보통 업체에서 달력 템플릿 파일을 주는 경우가 많으니 디자인한 파일을 템플릿에 넣어 그대로 발주하면 됩니다.

아웃라인 깨기 전   아웃라인 깬 후

2 마스킹 테이프 만들기 · · · Ai

마스킹 테이프는 소량 제작이 가능하지만, 개수에 따라 단가의 차이가 큰 굿즈 중 하나입니다. 소규모 굿즈샵을 운영하는 작가들의 경우 단가를 줄이기 위해 여러 명이 모여 공동 구매로 제작 개수를 늘리는 경우도 많습니다. 제작 단가가 부담스러우신 분들이라면 이러한 공동 구매를 찾아보는 것도 추천합니다.

01 업체에서 제공하는 템플릿을 다운로드받아 파일을 열어 줍니다. 제공하는 템플릿 안에는 제작 유의 사항 등 제작에 필요한 자세한 내용들이 적혀 있으니 꼭 확인합니다. 디자인 작업은 템플릿 레이어가 아닌 고객 디자인 레이어에 합니다. 보통 템플릿 레이어는 잠겨 있습니다.

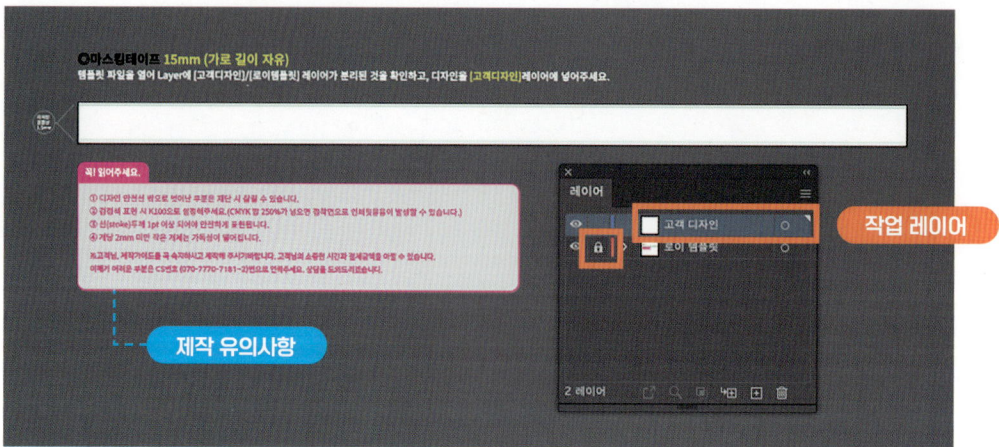

02 안전선 안쪽으로 원하는 디자인을 그려야 합니다. 원형 도구로 안전선에 맞는 원을 그립니다.

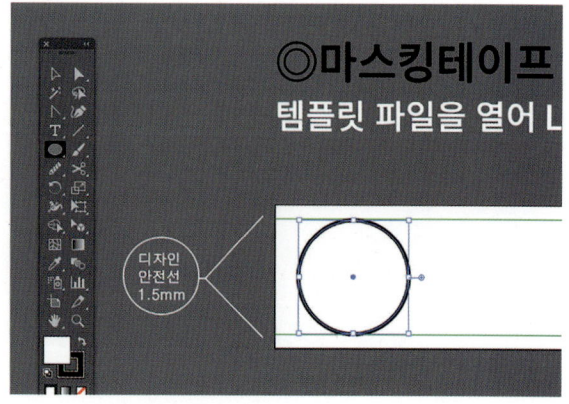

03 안전선을 확인하고 원을 그렸다면 눈 아이콘을 눌러 템플릿 레이어를 숨깁니다.

04 원을 선택하고 Enter 키를 눌러 가로 20mm, 세로 0mm로 설정 후 [복사]를 클릭합니다.

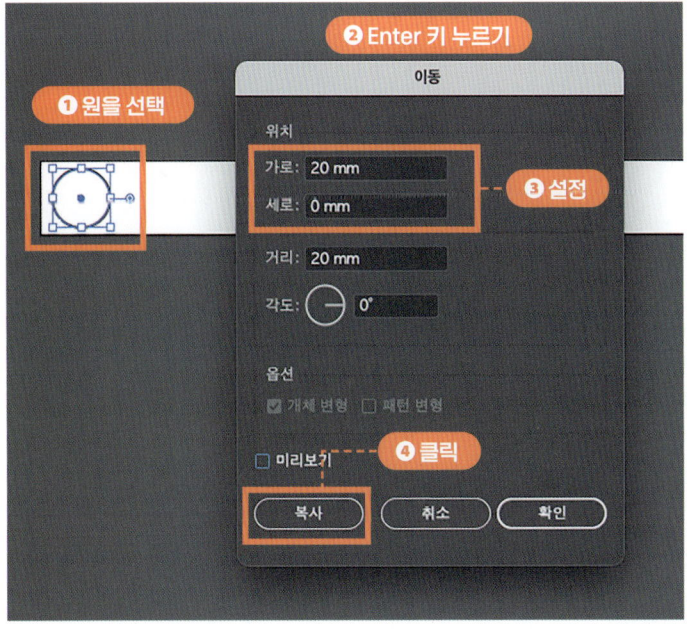

05 복사된 원을 선택하고 `Ctrl`+`D`를 눌러 20mm 간격의 원을 반복하여 복사합니다.

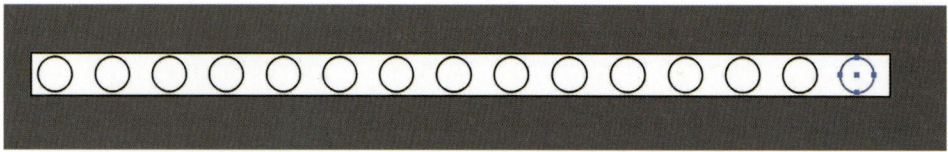

06 복사된 원들의 칠 색과 선 색을 수정해 디자인을 완성합니다.

07 사진과 같이 배경이 있는 디자인의 경우 안전선 바깥으로 여유를 주며 디자인합니다.

08 마스킹 테이프는 포장까지 완료해 납품되는 시스템으로 포장용 라벨 스티커의 제작 파일도 함께 업로드해야 합니다. 마스킹 테이프 디자인이 완성된 후 라벨 스티커의 템플릿 파일도 다운로드해 열어 줍니다. 이전 템플릿과 마찬가지로 유의 사항을 꼼꼼히 확인한 후 템플릿 레이어가 아닌 라벨 디자인 레이어에 작업합니다.

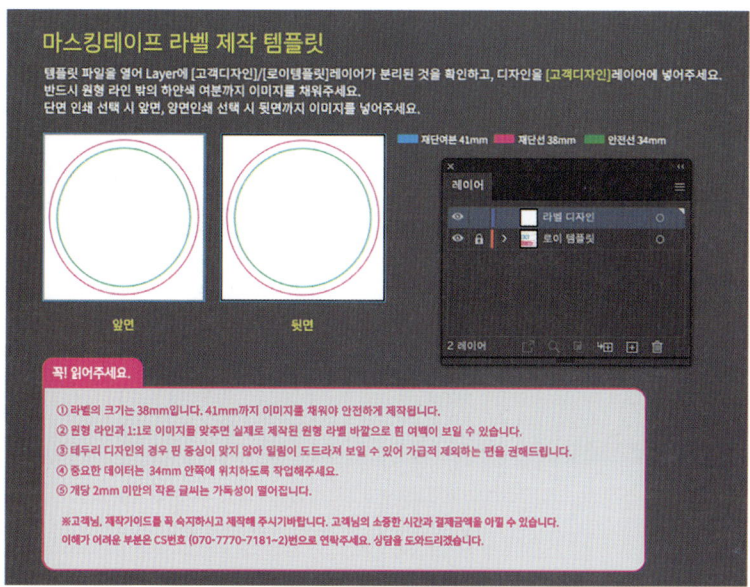

09 라벨 스티커 템플릿 아트보드와 같은 41x41(mm) 사이즈의 사각형을 그려서 앞뒷면 모두 배경으로 채웁니다.

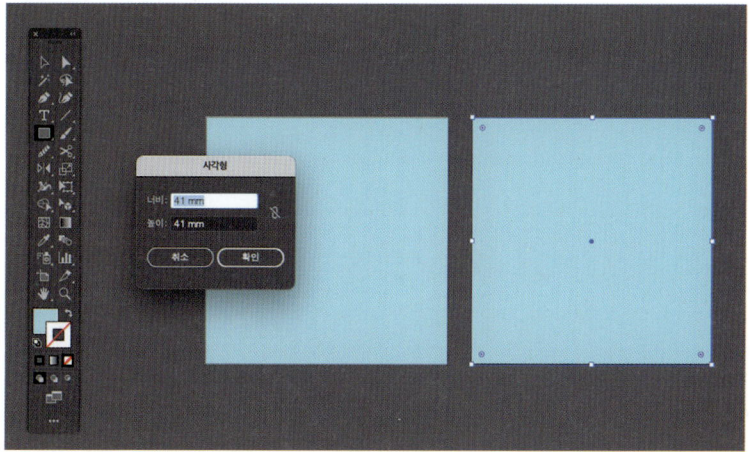

Class 4. 기타 문구류 굿즈 *137*

10 선분 도구로 세로선을 그리고 선택 도구 아이콘을 클릭합니다. 그려진 선분을 선택 후 Enter 키를 눌러 가로 5mm, 세로 0mm로 설정하고 복사합니다.

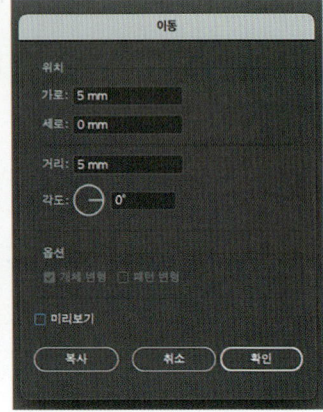

> **TIP** : [오브젝트] > [변형] > [이동]을 선택하여 이동도 가능합니다.

11 복사된 선을 선택하고 Ctrl + D 를 눌러 5mm 간격의 선을 반복하여 복사합니다.

<u>12</u> 선분 도구로 가로선을 그리고 선택 도구 아이콘을 클릭합니다. 선택 도구로 선분을 선택 후 Enter 키를 눌러 가로 0mm, 세로 5mm 설정하고 복사합니다. 가로선도 세로선과 마찬가지로 5mm 간격으로 반복 복사합니다.

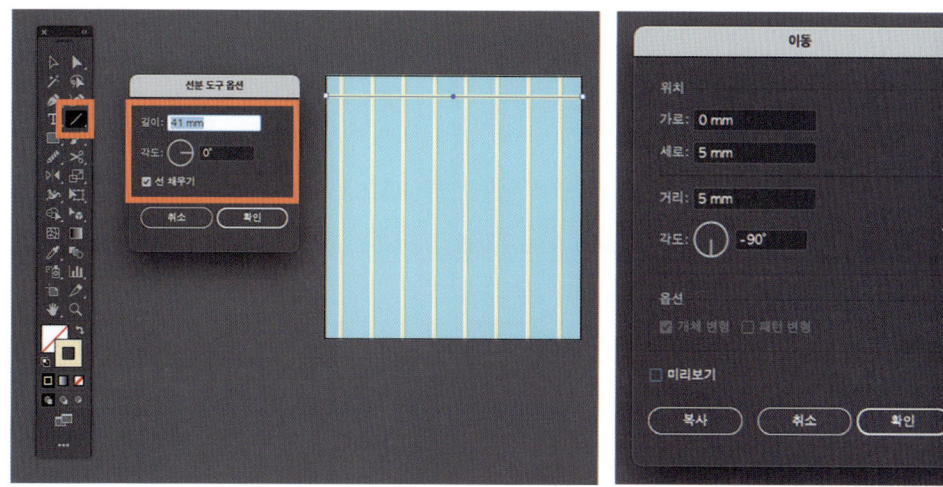

<u>13</u> 앞면은 체크 무늬, 뒷면은 로고를 넣어 완성한 후 템플릿 레이어를 작업 레이어 위로 옮겨 안전선을 지켜 작업했는지 확인합니다. 모든 작업이 완료된 후 템플릿 레이어를 삭제하고 저장하면 완성입니다.

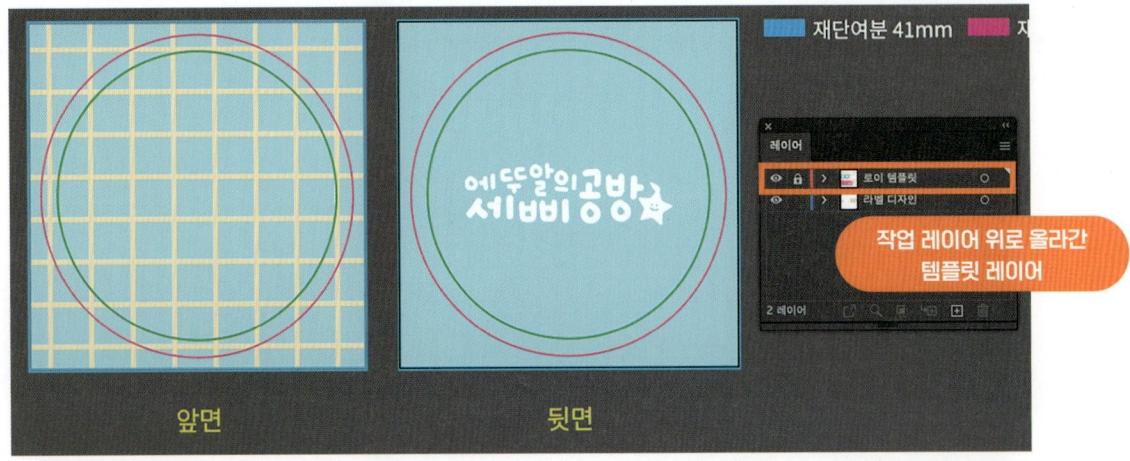

3 노트패드 만들기

노트패드는 B5노트 크기의 떡메모지라고 생각하시면 됩니다. 떡메모지와 같은 떡제본으로 되어 있지만 메모지 크기가 아닌 B5노트 크기로 수험생분들의 수요가 많은 굿즈입니다. B5 노트 크기에 약 100매의 두께로 부피도 크고 무게도 무거워 보관이 다소 어렵고 택배 포장 시 박스나 완충제 등 부자재 소비가 많은 단점이 있습니다.

01 노트패드는 합판전단 제작 템플릿으로 제작합니다. 사진과 같이 규격 및 용지 설정 후 후가공 [떡제본]을 선택해 노트패드로 제작합니다. 용지는 떡메모지와 같이 필기가 가능한 모조지를 선택합니다. 설정이 완료된 후 칼선 다운로드로 템플릿 파일을 다운로드합니다.

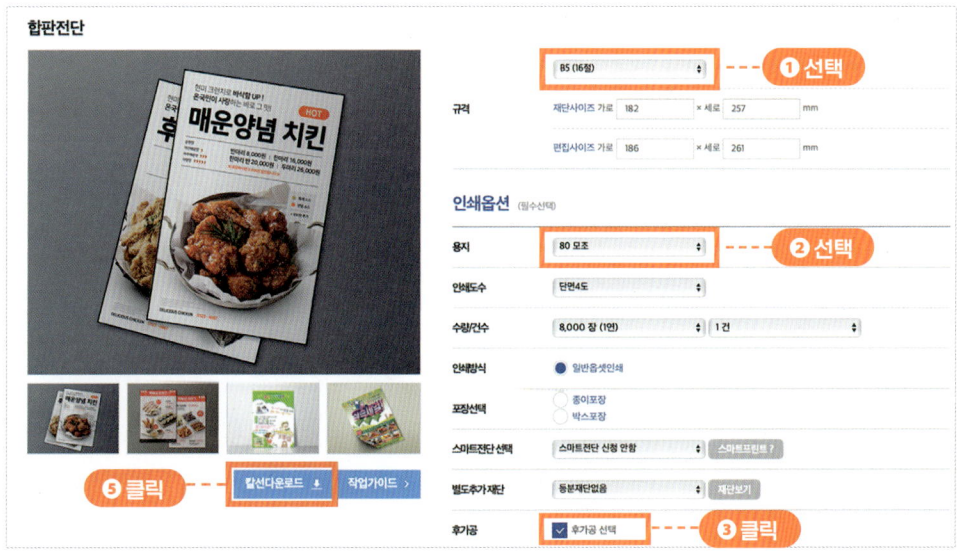

Class 4. 기타 문구류 굿즈

02 다운로드한 템플릿 파일을 열고 템플릿 레이어를 선택한 후 그룹을 풀어 줍니다.

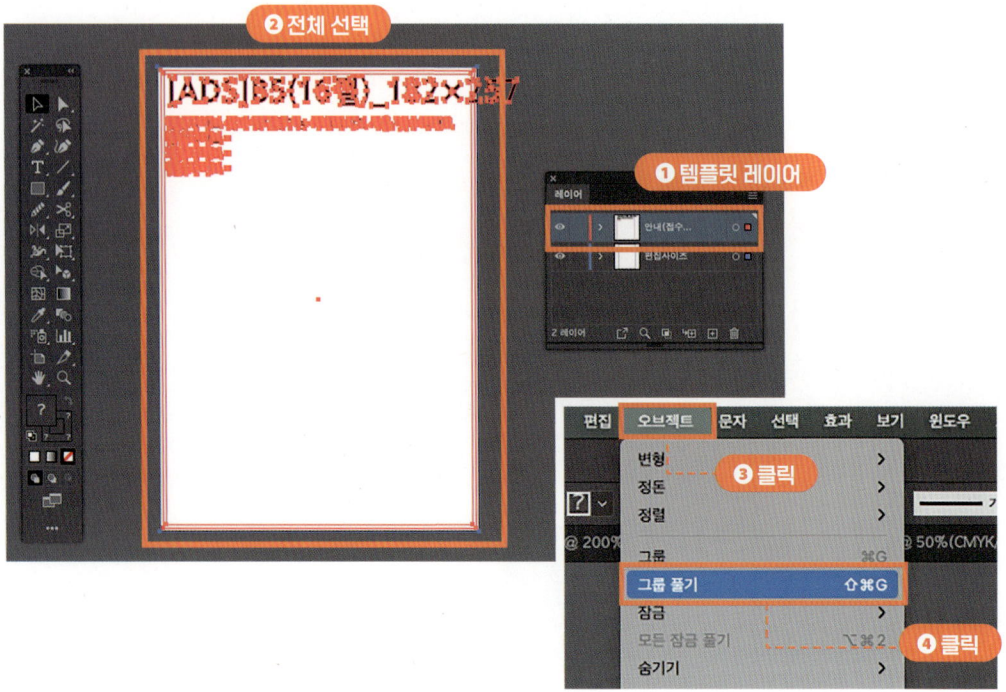

03 안전선과 재단선 표시를 제외한 글씨는 삭제하고 템플릿 레이어는 잠급니다.

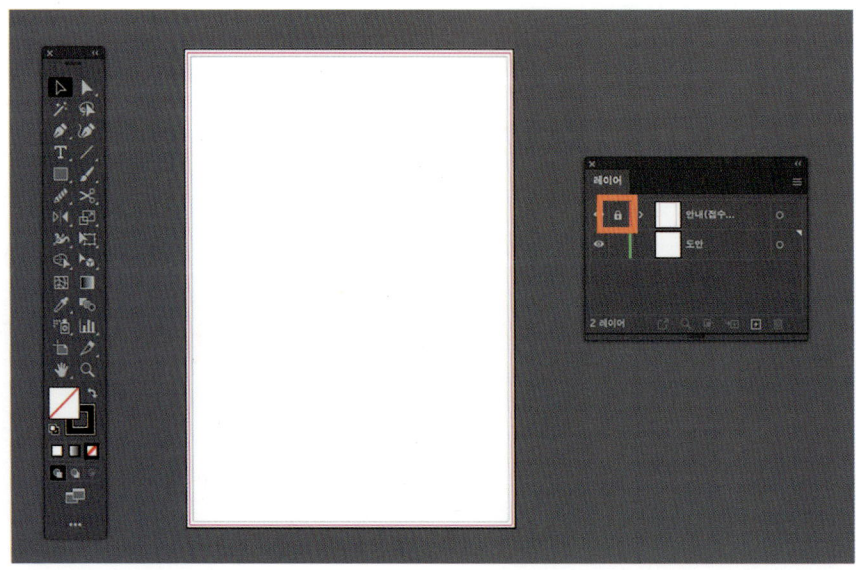

04 아트보드 크기와 같은 186x261(mm) 사이즈의 사각형을 그려 배경으로 채웁니다. 그리고 [오브젝트] > [잠금] > [선택물]로 배경이 움직이지 않게 잠급니다.

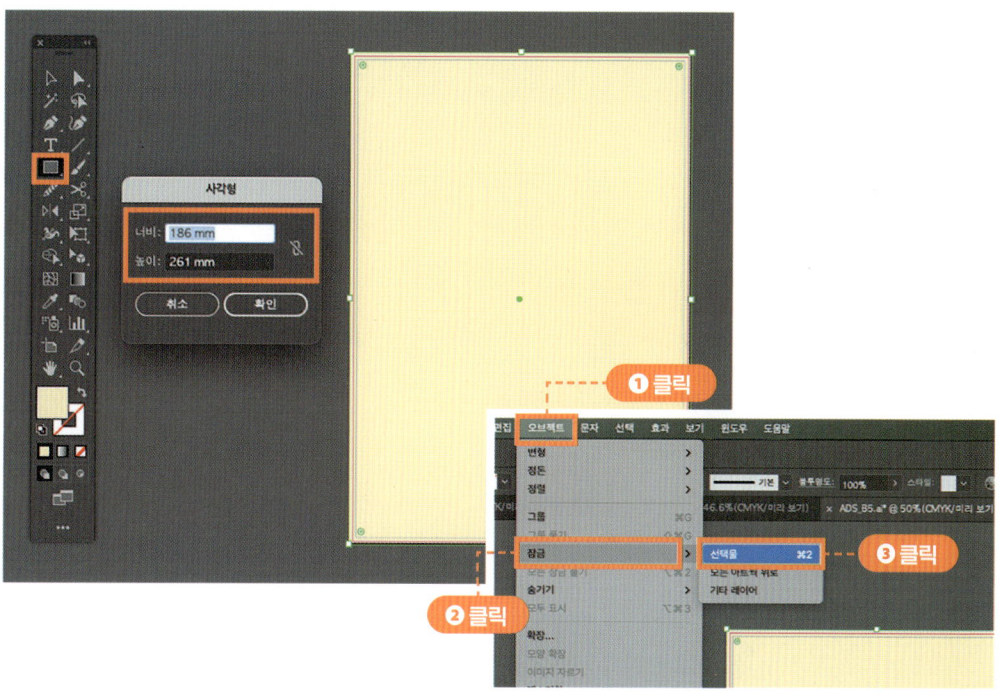

05 텍스트 도구로 아무 글씨나 적습니다. 그리고 [문자] > [글리프]로 들어가 하트 모양을 더블 클릭하여 텍스트에 넣습니다.

06 총 3개의 하트를 만들고, 폰트와 색상을 변경합니다. [문자] > [윤곽선 만들기]를 선택해 텍스트를 이미지로 바꿉니다.

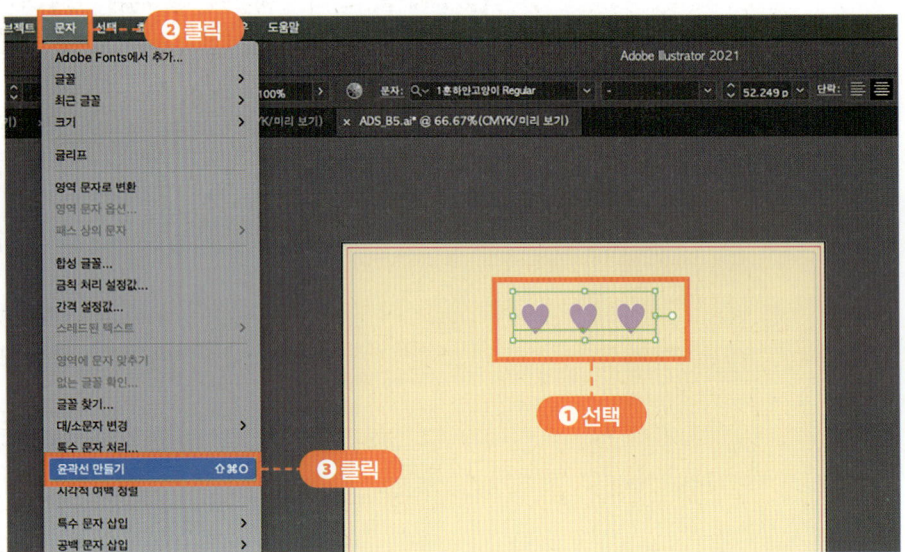

07 사각형 도구 아이콘을 1~2초 길게 누르면 도구 옵션이 보입니다. 여기서 둥근 사각형 도구를 선택하고 흰색의 둥근 사각형을 그립니다. 이때 안전선을 넘어가지 않도록 확인합니다.

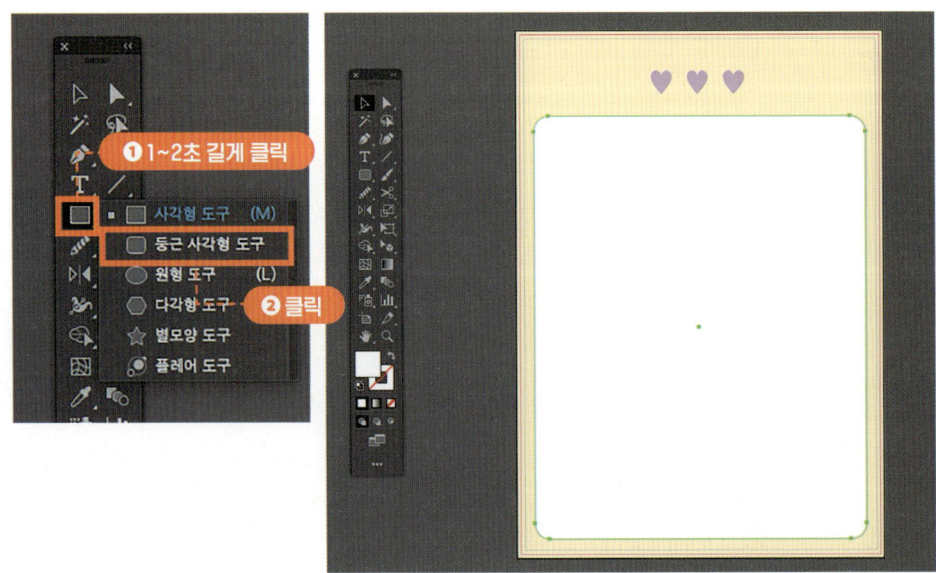

08 하트와 둥근 사각형을 대지에 맞춰 가운데 정렬한 후 배경과 마찬가지로 움직이지 않도록 잠급니다.

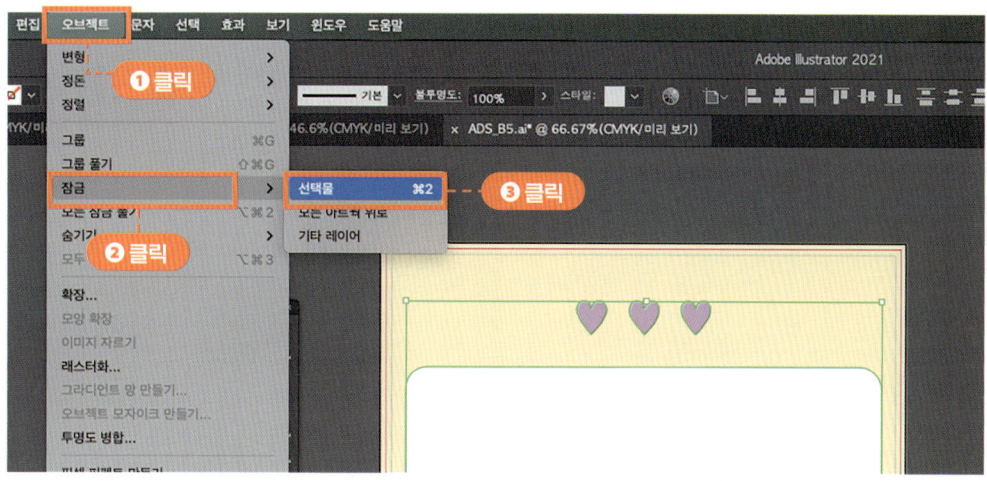

09 선분 도구로 두께 1mm, 색상 회색, 둥근 단면의 선 하나를 그립니다. 선을 그릴 때 Shift 키를 누르며 그리면 수평으로 그릴 수 있습니다.

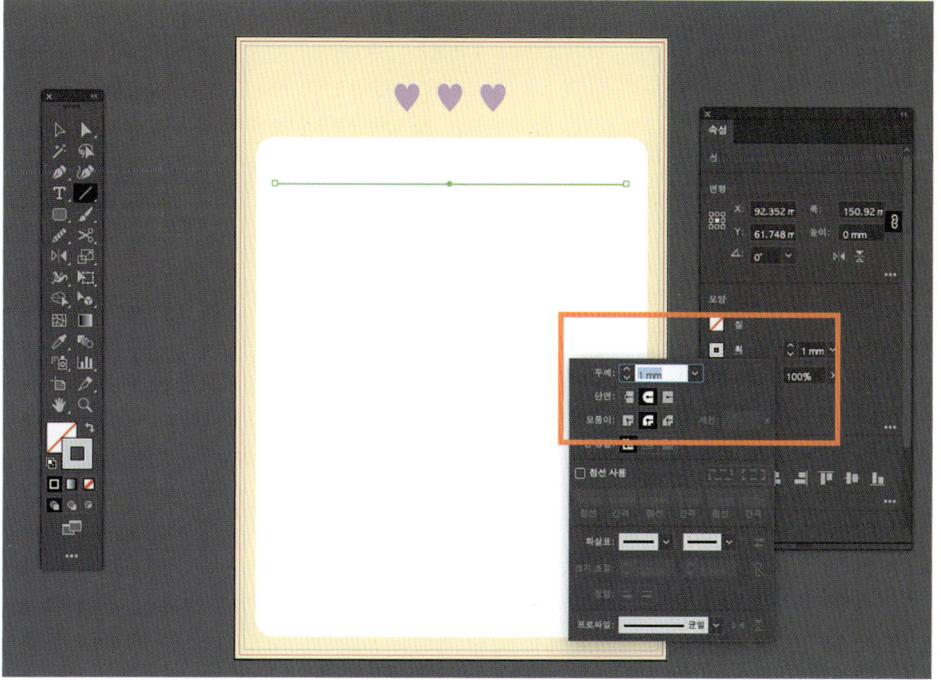

Class 4. 기타 문구류 굿즈 *145*

10 선을 그리고 선택 도구 아이콘을 클릭합니다. Enter 키를 눌러 가로 0mm, 세로 6mm로 설정하고 복사를 선택합니다. 복사된 선을 선택하고 Ctrl + D 를 눌러 6mm 간격의 선을 반복하여 복사합니다.

TIP : 줄 노트의 줄 간격은 보통 6~7mm 정도 입니다.

11 [오브젝트] > [모든 잠금 풀기]로 잠금을 풀고 레이어 패널에서 템플릿 레이어를 삭제합니다.

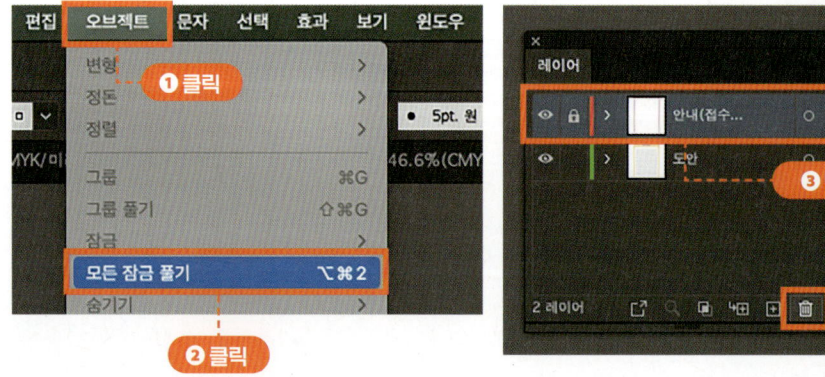

12 전체를 선택하고 [오브젝트] > [그룹]으로 그룹화하여 저장하면 완성입니다.

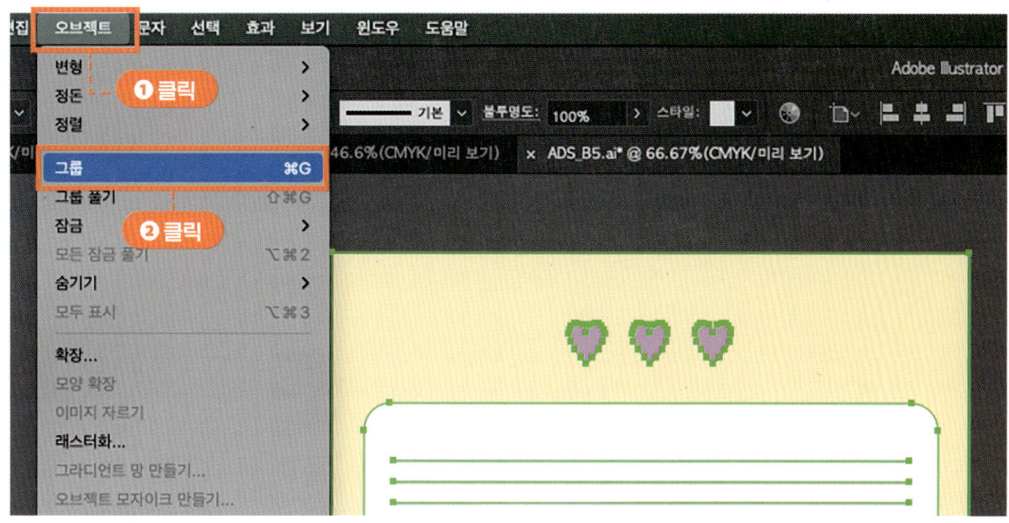

Class 5.

리빙, 액세서리 굿즈

지금까지는 디자인 문구 굿즈를 만들어 봤습니다. 문구류 굿즈는 비교적 단가가 저렴하고 접하기 쉬운 굿즈들입니다. 반면 폰 케이스, 그립톡, 키링 등 액세서리 굿즈류는 단가도 높은 편이고, 이미 시중에 저렴하고 다양한 공산품들이 많습니다. 따라서 수요가 적고 재고 부담이 커 제작하기 다소 어렵다고 느낄 수 있습니다. 하지만 이런 굿즈들은 샘플 제작용으로 1개부터도 제작이 가능해 샘플 제작 후 판매를 결정할 수 있으니 너무 겁먹지 마세요.

1 불투명한 휴대폰 케이스 만들기 ... Ai

리빙, 액세서리 굿즈 중 가장 많이 사용하게 되는 휴대폰 케이스는 판매가 아닌 개인적인 사용을 위해서라도 제작하고 싶은 굿즈 중 하나입니다. 불투명한 휴대폰 케이스와 투명한 휴대폰 케이스의 작업 방식이 살짝 다르기 때문에 우리는 두 가지 방법을 모두 배워볼 거예요. 불투명한 휴대폰 케이스는 큰 어려움 없이 원하는 디자인을 넣어 제작이 가능합니다. 레터링을 넣은 디자인으로 제작해 봅시다.

Ai

01 휴대폰 케이스는 휴대폰 기종에 따라 템플릿이 다르므로 기종을 확인한 후 업체에서 제공하는 템플릿을 다운로드합니다. 템플릿 레이어는 잠그고 도안 레이어를 추가해 도안 레이어에 작업합니다.

02 배경을 전체적으로 채우는 디자인을 해 보겠습니다. 이때 카메라 부분은 신경 쓰지 않고 사각형을 그려 전체를 채웁니다.

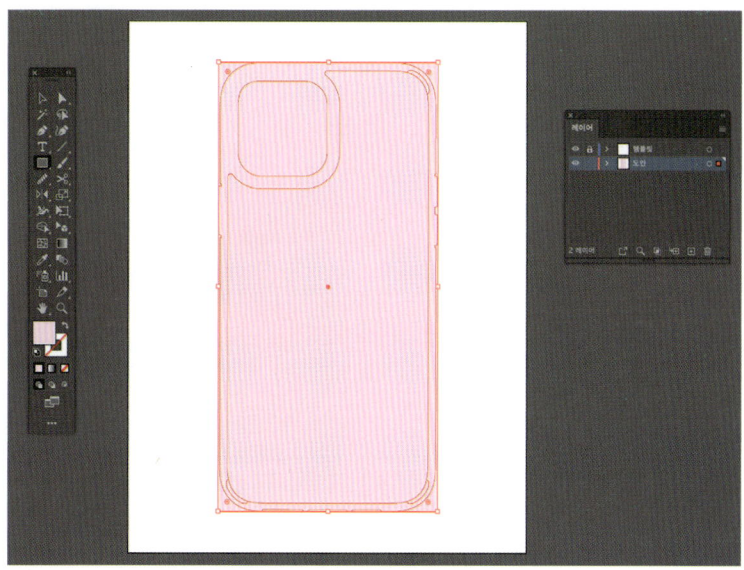

03 텍스트 도구를 사용해 원하는 문구를 적습니다.

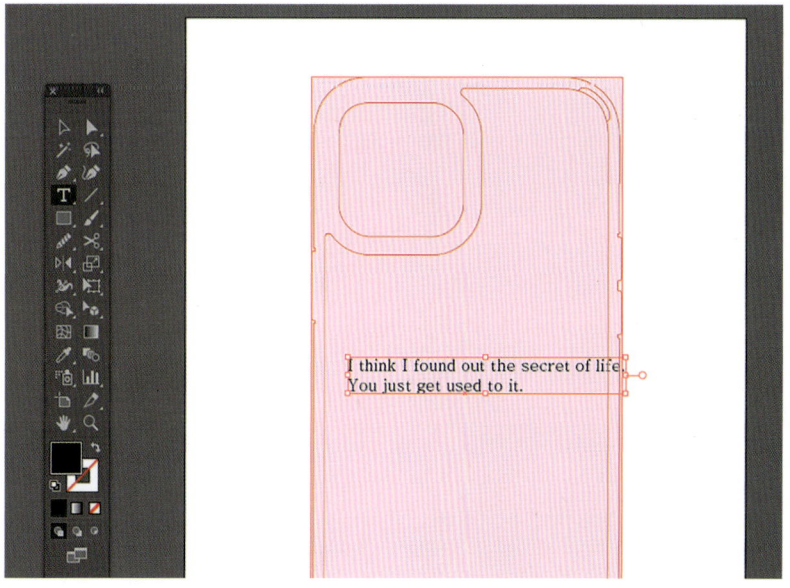

04 텍스트의 폰트와 크기를 조절하고 원하는 위치에 맞게 옮깁니다. 폰트의 굵기가 너무 얇을 경우 글씨와 같은 색으로 선 색을 추가하고 두께를 조정합니다. 이때, 단면과 모퉁이를 둥글게 설정해야 깔끔하게 적용됩니다.

05 설정이 완료된 텍스트를 선택하고 [문자] > [윤곽선 만들기]로 아웃라인을 깨 준 뒤 저장하면 완성입니다. 이처럼 불투명한 케이스를 제작할 때는 별다른 어려움 없이 제공하는 템플릿에 내가 원하는 디자인을 넣기만 하면 완성됩니다.

2 투명한 휴대폰 케이스 만들기

투명한 휴대폰 케이스의 경우 인쇄 후가공인 화이트 인쇄를 이해하고 작업해야 합니다 (23페이지 참고). 투명한 휴대폰 케이스에 불투명한 케이스와 같이 작업을 하게 된다면 휴대폰의 본래 색상이 비치게 됩니다. 이러한 현상을 방지하고자 화이트 인쇄 작업을 진행한 후 완성합니다.

01 프로크리에이트에서 크기를 50x50(mm), 색상 프로필을 CMYK로 설정한 캔버스를 생성합니다.

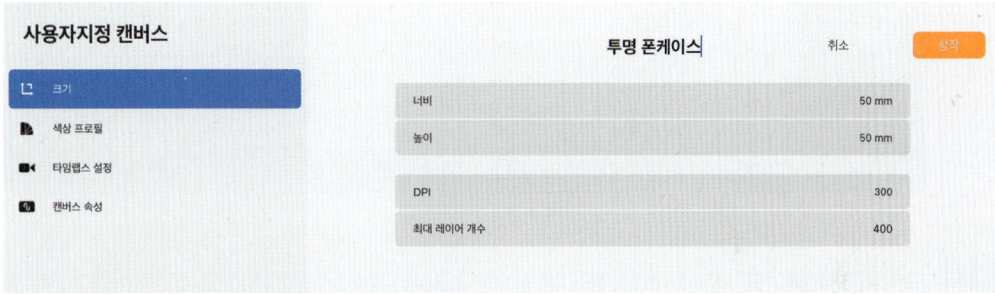

02 케이스 디자인에 넣을 캐릭터를 그리고 배경 레이어를 끕니다. [동작] > [공유] > [PSD]로 저장합니다.

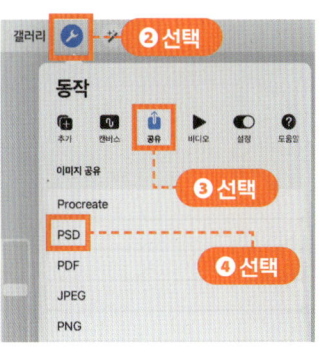

03 저장된 PSD 파일을 PC로 옮겨 포토샵에서 열어 줍니다. 레이어를 새로 추가하고 레이어 이름을 '화이트 인쇄'로 수정합니다.

04 도안 레이어를 선택하고 마술봉(자동 선택) 도구로 배경을 클릭합니다. 그리고 [선택] > [반전]으로 캐릭터만 선택되게 반전시킵니다.

05 캐릭터만 선택된 상태에서 [선택] > [수정] > [축소]로 선택 영역을 2픽셀 축소합니다.

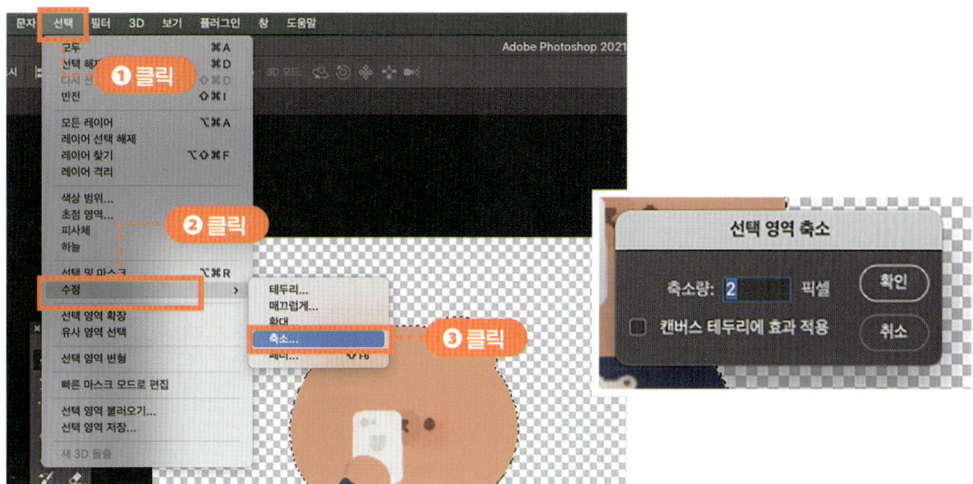

06 2픽셀 축소 선택된 상태에서 화이트 인쇄 레이어를 선택하고 페인트 도구를 이용해 선택된 부분을 검은색으로 채운 후 저장합니다.

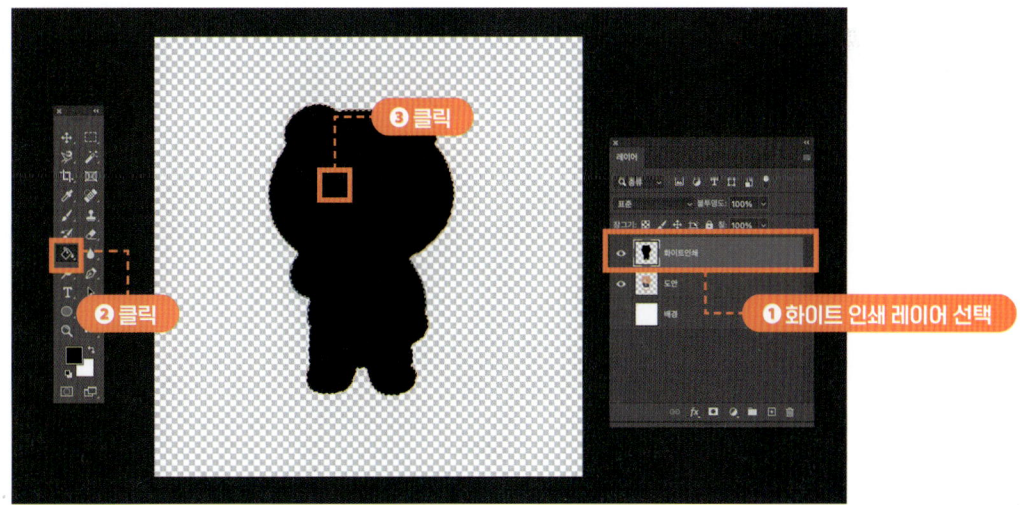

> **TIP** : 투명케이스 위에 일반 인쇄만 할 경우 인쇄된 캐릭터 뒤로 휴대폰의 컬러나 로고가 투명하게 비쳐 보일 수 있습니다. 이를 방지하고자 먼저 화이트 인쇄를 하고 그 위에 캐릭터를 인쇄하는 작업을 합니다. 이때, 화이트 인쇄와 캐릭터의 크기를 동일하게 인쇄한다면 작업 공정상 밀림으로 인해 화이트 인쇄 부분이 튀어나올 수 있습니다. 그렇기 때문에 2픽셀 축소 선택하여 색을 채워준 것입니다.

07 일러스트레이터에서 [파일] > [열기]로 포토샵에서 수정 작업을 하고 저장한 PSD 파일을 불러옵니다. 이때, [레이어를 오브젝트로 변환]을 체크합니다.

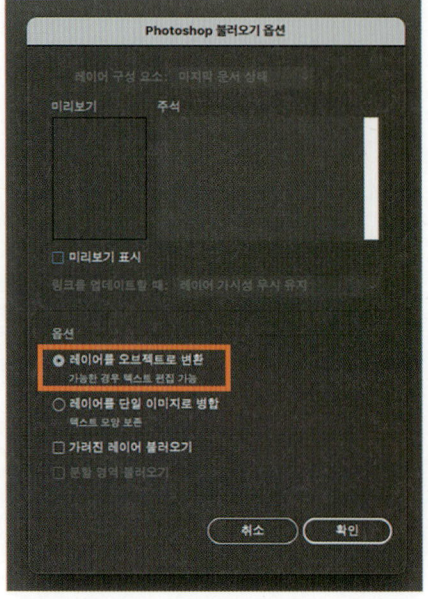

08 불러온 PSD 파일에서 두 이미지를 모두 복사해 템플릿 파일로 붙여 넣습니다. 이때, 템플릿 레이어는 잠그고 템플릿 레이어 아래에 도안 레이어를 만들어 도안 레이어에 붙여 넣습니다.

09 화이트 인쇄 레이어를 추가하고 도안 레이어에 있던 화이트 인쇄 부분을 복사한 후 삭제합니다. 그리고 화이트 인쇄 레이어를 선택하고 [편집] > [제자리에 붙이기]로 붙여 넣습니다.

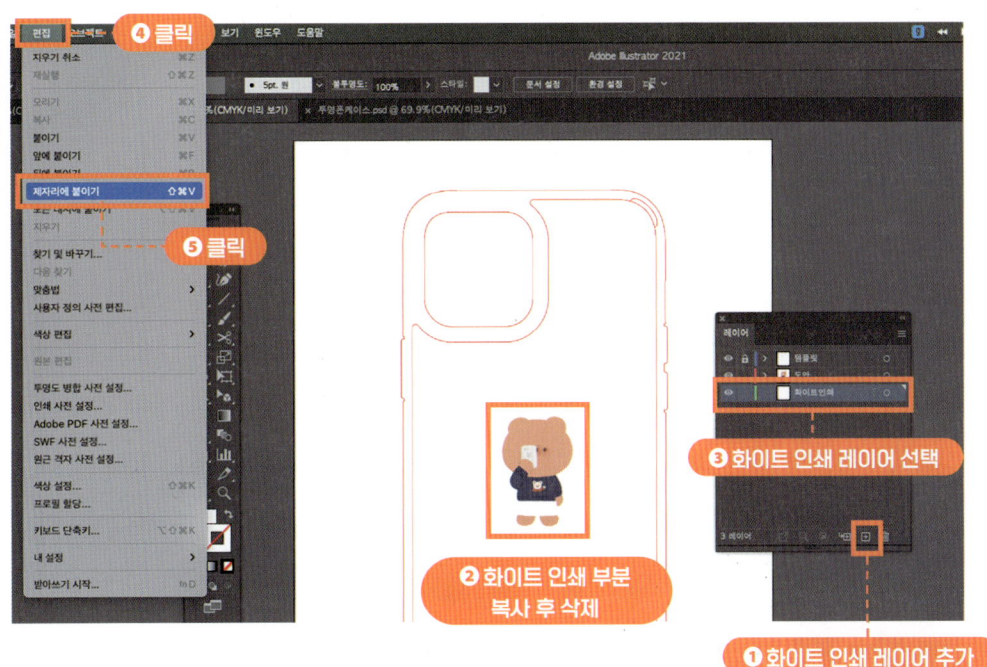

10 눈 아이콘을 눌러 도안 레이어를 숨기고 화이트 인쇄 레이어의 이미지를 선택합니다. 그리고 [오브젝트] > [이미지 추적] > [만든 후 확장]으로 비트맵 이미지를 벡터 이미지로 변환합니다.

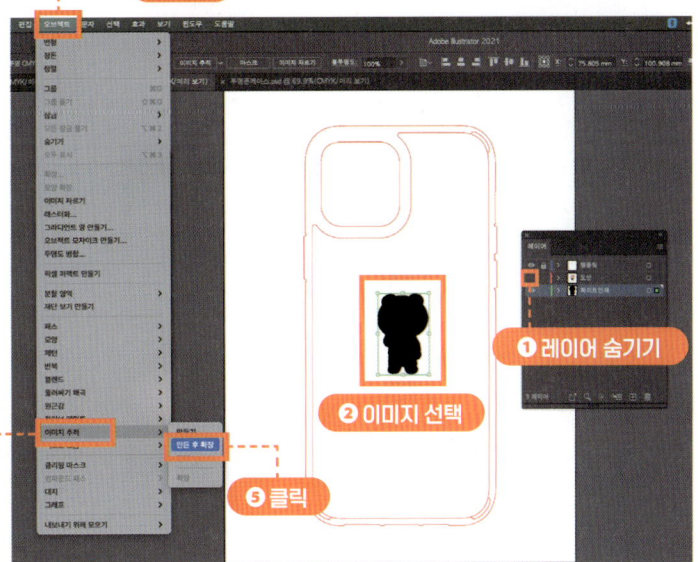

11 벡터 이미지로 전환된 화이트 인쇄 이미지 중 인쇄되는 검은색 부분을 제외한 다른 부분(흰 배경)은 삭제하고 숨겨 둔 도안 이미지를 다시 켭니다. 그리고 디자인 검수를 한 뒤 저장하면 완성입니다. 투명 케이스는 앞서 했던 불투명 케이스보다 '화이트 인쇄' 작업이 조금 번거롭습니다. 이러한 차이점을 기억하시고 작업을 하시면 됩니다.

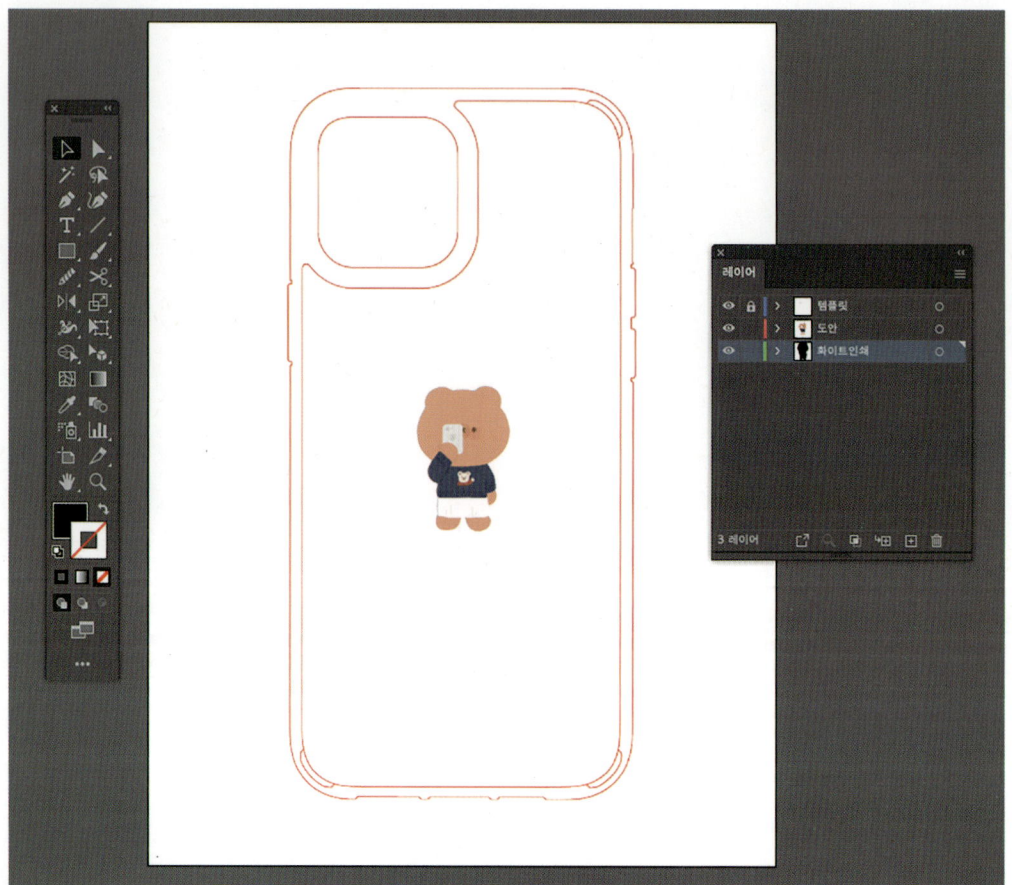

3 그립톡 만들기　Ai

그립톡은 업체에서 제공하는 템플릿 모양의 그립톡과 자유형 그립톡으로 작업할 수 있습니다. 업체에서 제공하는 템플릿 모양의 그립톡은 템플릿 안에 디자인만 적용하여 작업하면 되고, 자유형의 경우 스티커 칼선을 제작했을 때와 동일하게 칼선 작업을 해야 합니다.

01 업체에서 제공하는 템플릿 파일을 열어 줍니다. 자유형 그립톡도 접착면 부분을 나타내는 기본 템플릿이 있습니다. 접착면의 면적보다 크게 도안 작업을 해야 합니다. 템플릿 레이어는 잠그고 도안 레이어를 추가합니다.

02
접착면 사이즈(너비 40mm, 높이 40mm)보다 큰 사이즈인 너비 50mm, 높이 50mm 사이즈의 원을 그리고 접착면과 중심을 맞춰 배치합니다.

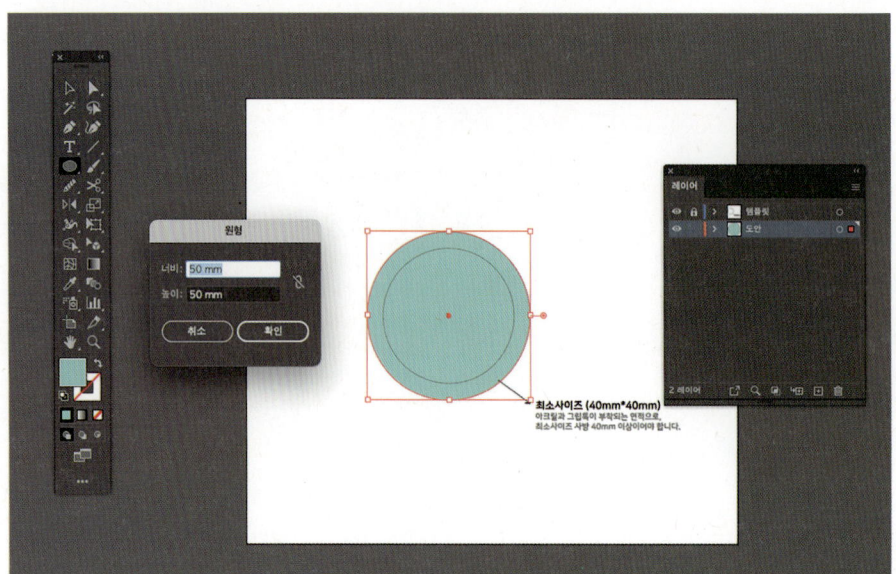

03
높이와 너비가 각각 20mm인 작은 원을 하나 더 그립니다. 이 작은 원은 곰돌이의 귀가 됩니다.

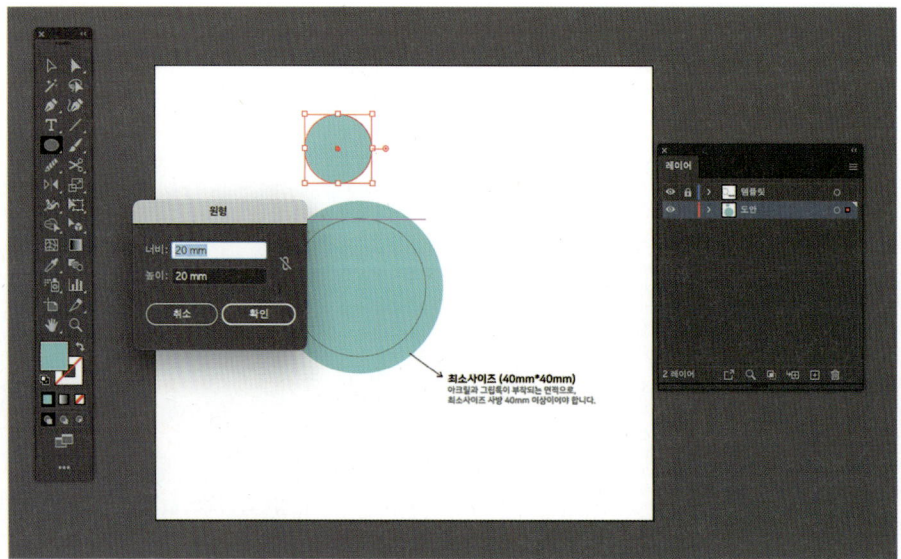

04 귀의 위치에 맞게 작은 원을 옮기고 반사 도구를 선택 후 Alt 키를 누르면서 큰 원의 중심을 클릭합니다. 반사 옵션창에서 세로를 선택하고 [복사]를 클릭합니다.

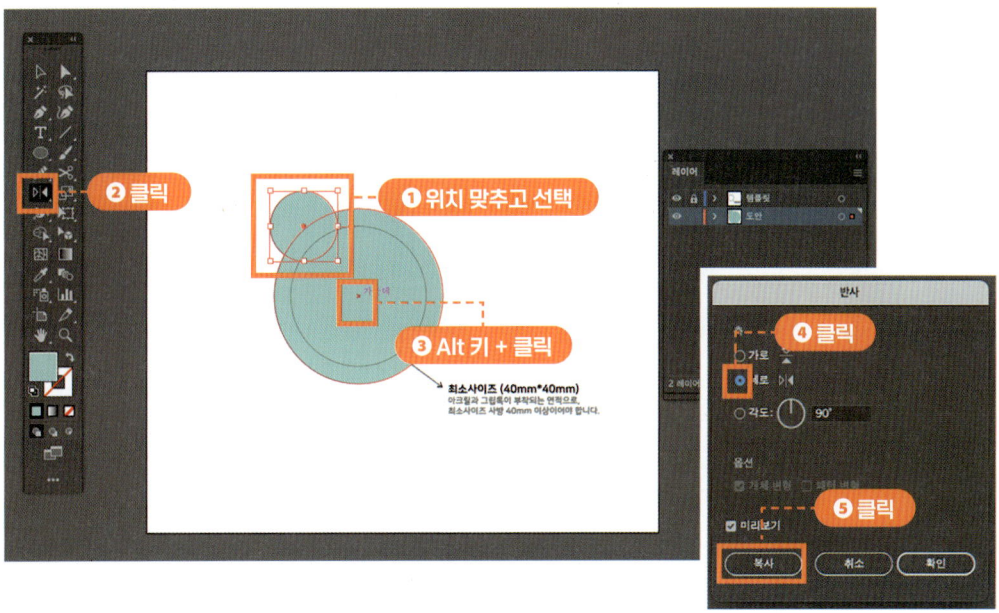

05 그려진 곰돌이 얼굴을 모두 선택하고 패스파인더로 합칩니다.

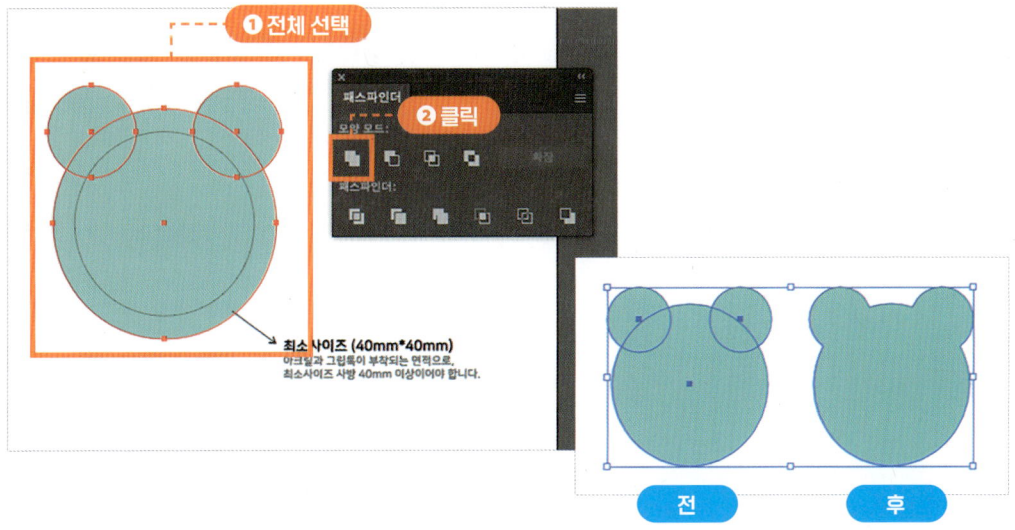

06 원형 도구로 작은 원들을 더 그려서 얼굴을 완성합니다. 이렇게 원형 도구 하나로 간단한 곰돌이 얼굴을 만들 수 있습니다.

07 자유형 그립톡은 스티커와 동일하게 칼선과 여유 작업을 해야 합니다. 곰돌이 얼굴을 선택하고 [오브젝트] > [패스] > [패스 이동]으로 1.5mm 여유를 만듭니다. 이때 여유는 업체에서 요구하는 수치에 맞게 조절합니다.

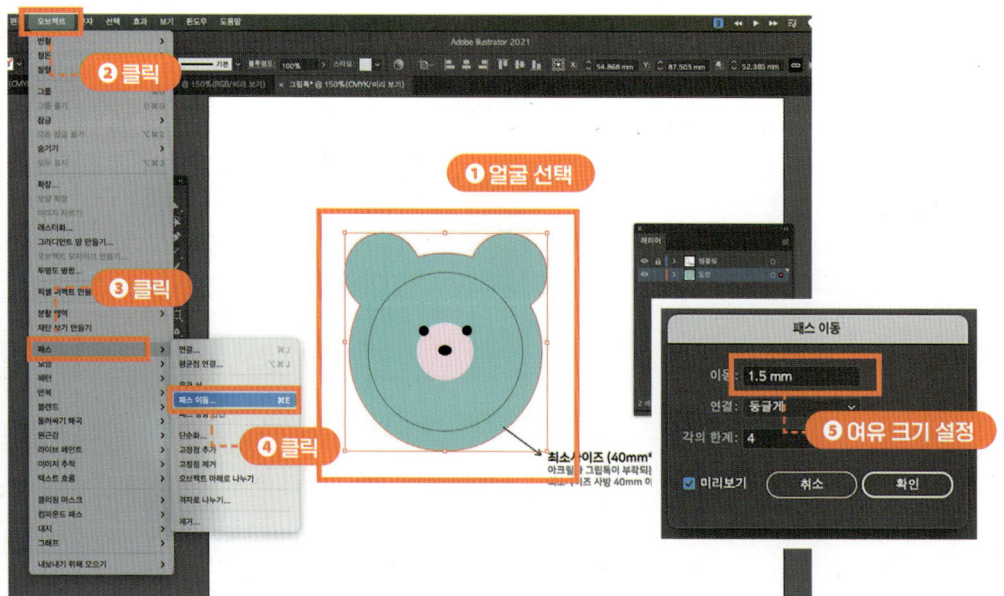

08 곰돌이 얼굴을 다시 선택하고 칼선으로 만듭니다. 칼선은 업체마다 요구하는 속성이 다르니 확인 후 그에 맞게 설정합니다.

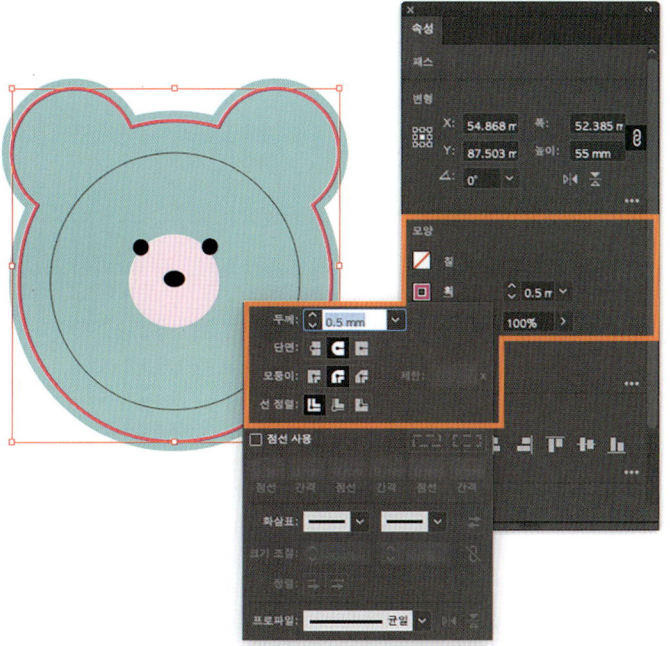

09 도안 레이어에 있는 칼선을 칼선 레이어로 옮겨 줄 차례입니다. 레이어를 추가하고 이름을 칼선으로 수정합니다. 곰돌이 얼굴 모양의 칼선을 선택하고 복사한 후 삭제합니다. 칼선 레이어를 선택하고 [제자리에 붙이기]로 붙여 넣습니다.

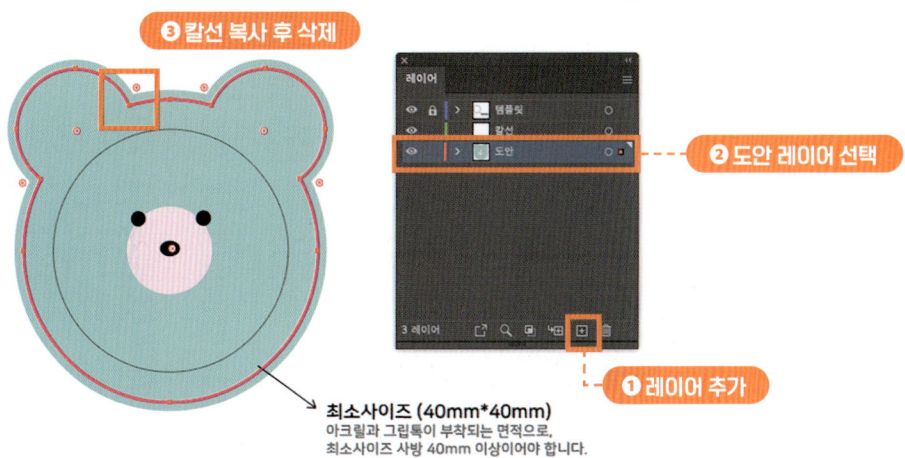

최소사이즈 (40mm*40mm)
아크릴과 그립톡이 부착되는 면적으로,
최소사이즈 사방 40mm 이상이어야 합니다.

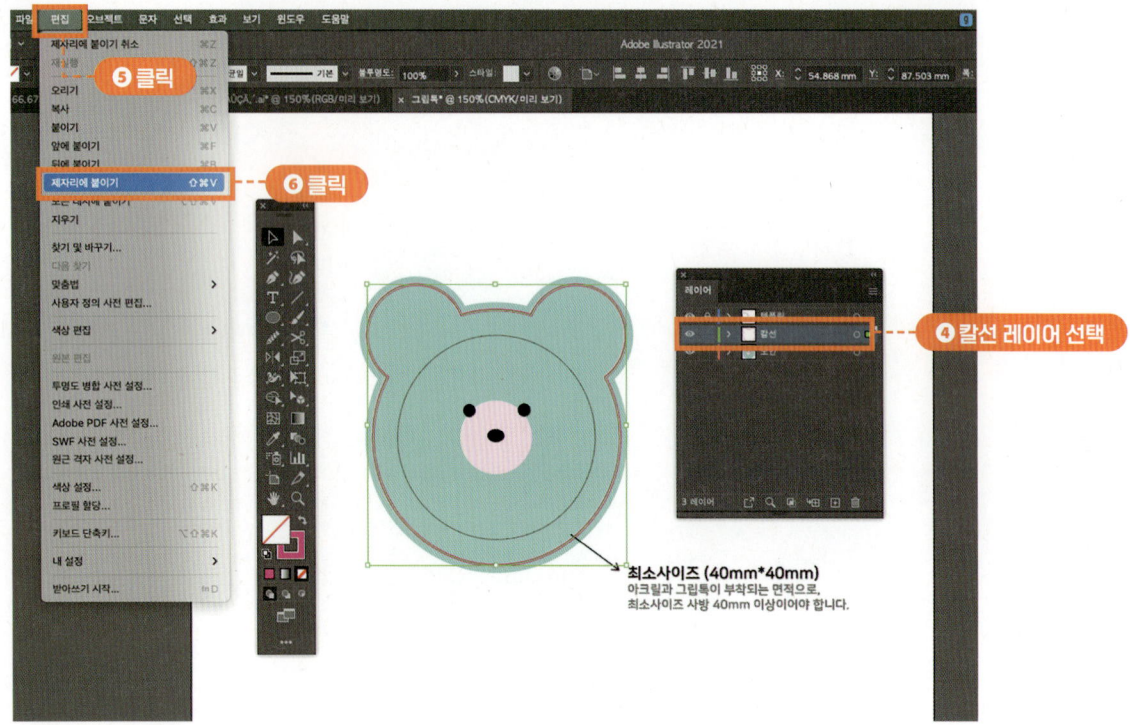

10 눈 아이콘을 껐다 켰다 하며 레이어 분리를 확인하고 저장하면 완성입니다.

162 Part 2. 나의 상상력을 굿즈로! 제작하기

4 아크릴 키링 만들기

아크릴 키링은 그립톡과 마찬가지로 업체에서 제공하는 모양 템플릿 안에 디자인을 넣어 제작하거나 자유형으로 제작합니다. 자유형 제작 시에는 칼선 작업이 필요합니다.

01 프로크리에이트에서 사이즈 50x50mm, 색상 프로필 CMYK의 캔버스를 생성합니다.

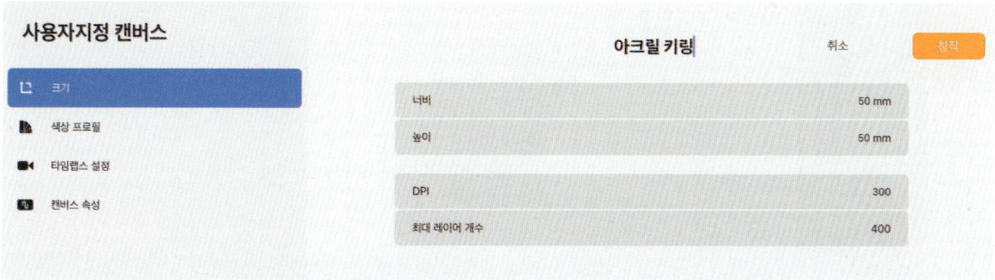

02 제작할 캐릭터를 그리고 배경 레이어를 끕니다. [동작] > [공유] > [PSD]로 저장합니다.

03 저장된 PSD 파일을 PC로 옮겨 포토샵에서 열어 줍니다. 화이트 인쇄 레이어를 새로 추가합니다.

04 도안 레이어를 선택하고 마술봉(자동 선택) 도구로 배경을 클릭합니다. [선택] > [반전]으로 캐릭터만 선택되게 반전시킵니다.

05 캐릭터만 선택된 상태에서 [선택] > [수정] > [축소]로 선택 영역을 2픽셀 축소합니다.

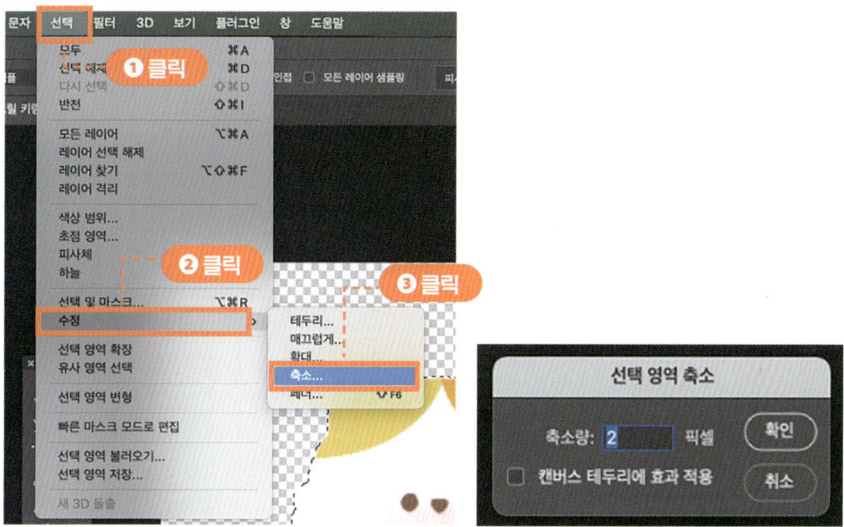

06 2픽셀 축소 선택된 상태에서 화이트 인쇄 레이어를 선택하고 페인트 도구를 이용해 선택된 부분을 검은색으로 채운 후 저장합니다.

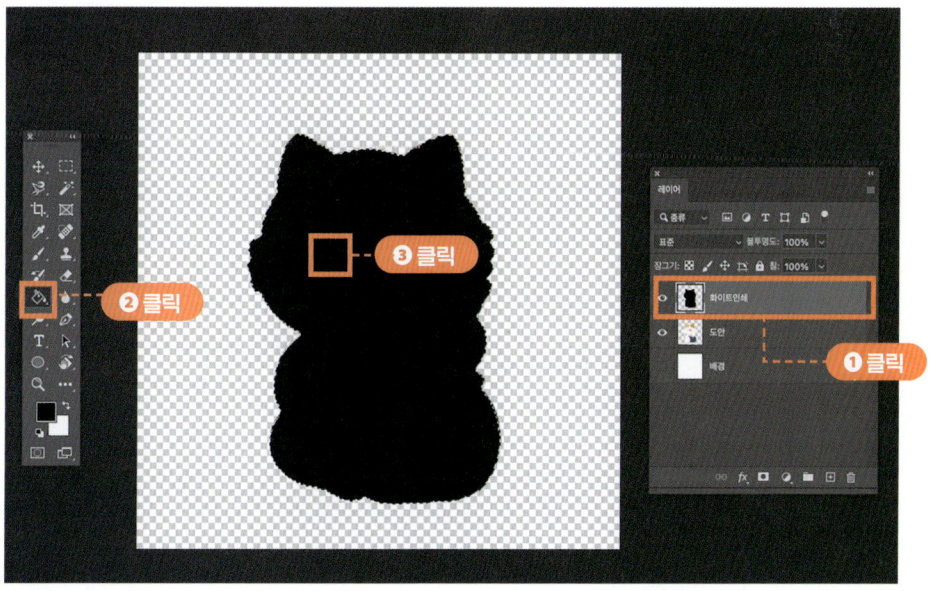

TIP : 투명한 아크릴 위에 인쇄하는 아크릴 키링은 투명 휴대폰 케이스를 제작할 때와 마찬가지로 좀 더 선명한 인쇄 작업을 하기 위해 화이트 인쇄 작업을 진행합니다.

07 일러스트레이터에서 50x50(mm) 사이즈의 아트보드를 생성합니다.

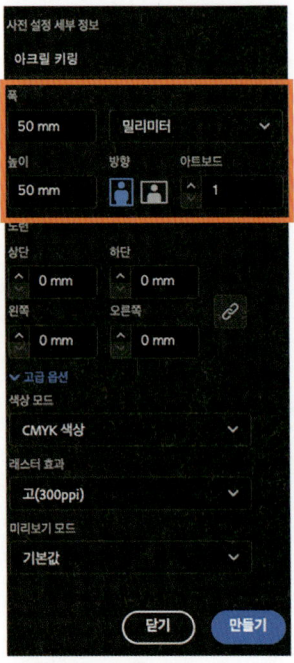

08 [파일] > [열기]로 포토샵에서 저장한 PSD 파일을 불러옵니다. 이때, [레이어를 오브젝트로 변환]을 체크합니다.

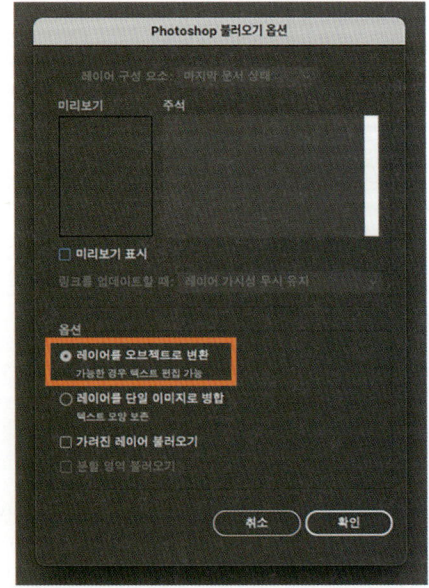

09 불러온 PSD 파일에서 이미지를 모두 복사해서 새로 만든 아트보드에 붙여 넣습니다. 새로 만든 아트보드에는 도안 레이어, 화이트 인쇄 레이어, 커팅 레이어를 만듭니다.

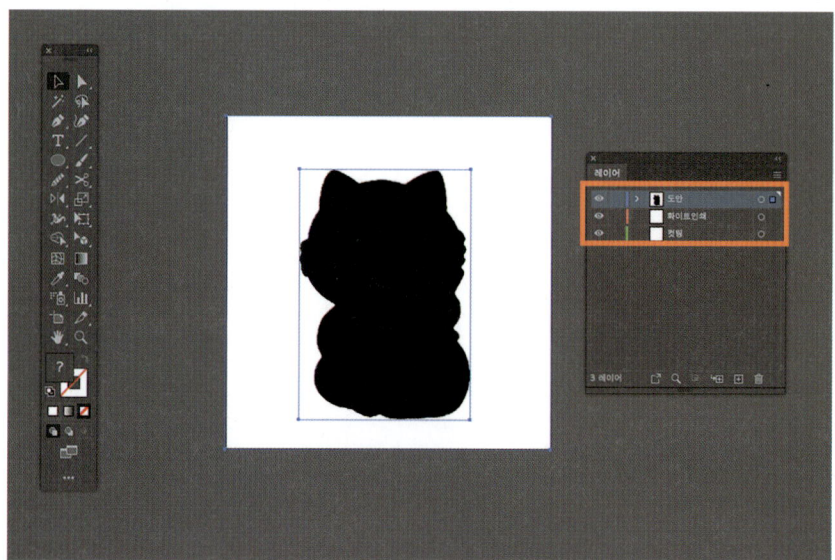

10 도안 레이어에 있는 화이트 인쇄를 분리할 차례입니다. 도안 레이어에서 화이트 인쇄 이미지를 복사한 후 삭제합니다. 화이트 인쇄 레이어를 선택하고 [편집] > [제자리에 붙이기]로 붙여 넣습니다.

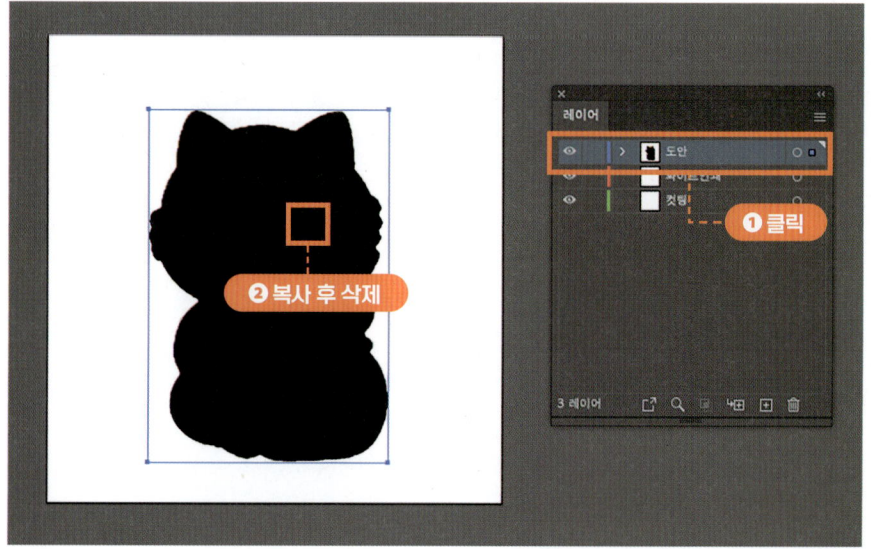

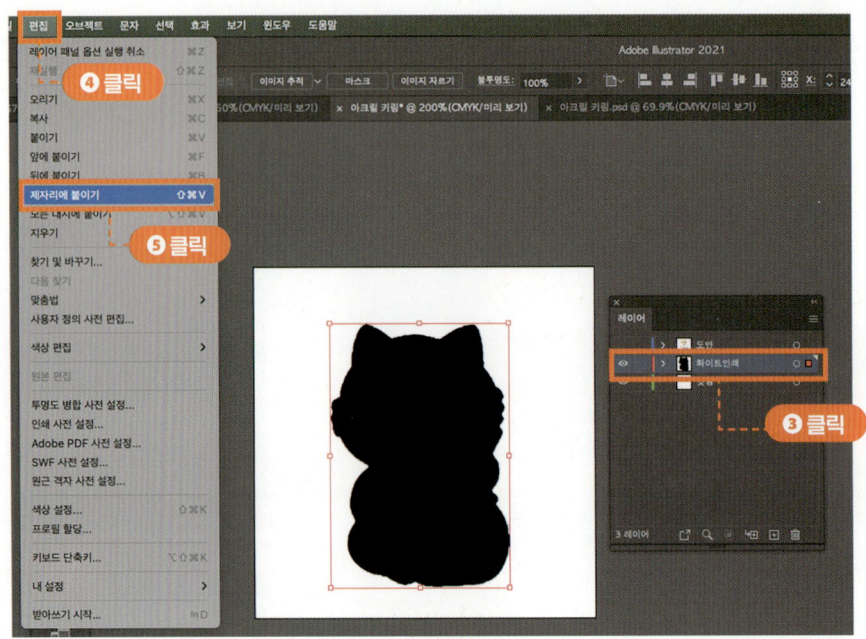

11 눈 아이콘을 눌러 도안 레이어를 잠시 숨깁니다. 화이트 인쇄 이미지를 선택하고 [오브젝트] > [이미지 추적] > [만든 후 확장]으로 비트맵 이미지를 벡터 이미지로 전환합니다. 검은색으로 표시된 화이트 인쇄 부분만 남기고 불필요한 나머지 부분은 삭제합니다.

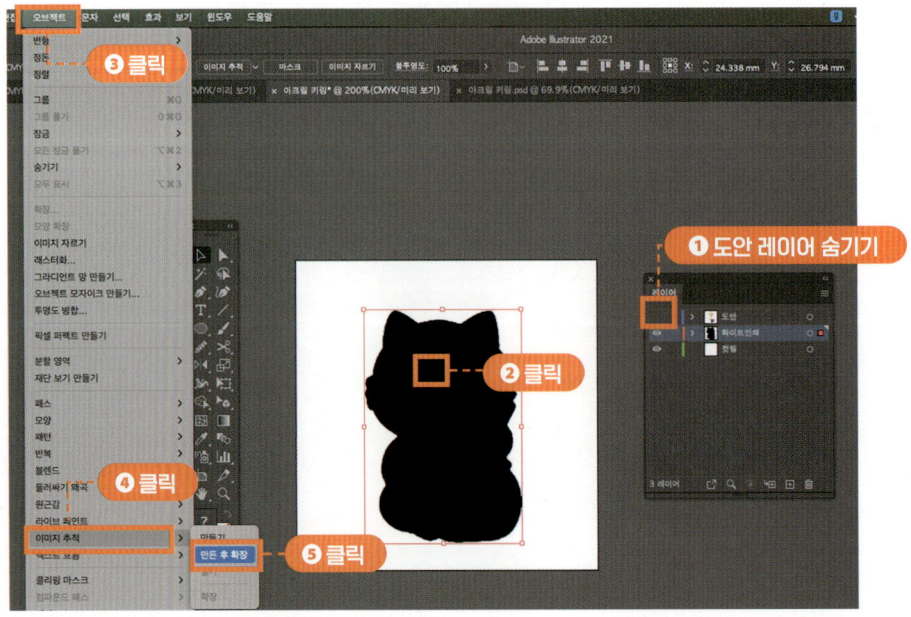

12 아크릴 커팅 칼선을 만들어 줄 차례입니다. 스티커 제작과 마찬가지로 패스 이동으로 칼선을 만듭니다. 벡터 이미지로 전환된 화이트 인쇄 이미지를 선택하고 [오브젝트] > [패스] > [패스 이동]을 선택합니다. 패스 이동 창에서 이동을 2mm로 설정합니다. 이때 패스 이동 수치는 업체에서 요구하는 수치로 설정합니다.

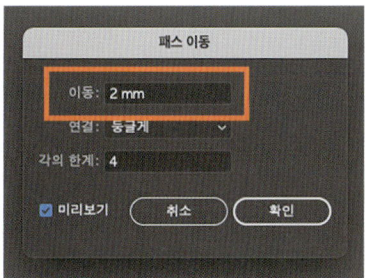
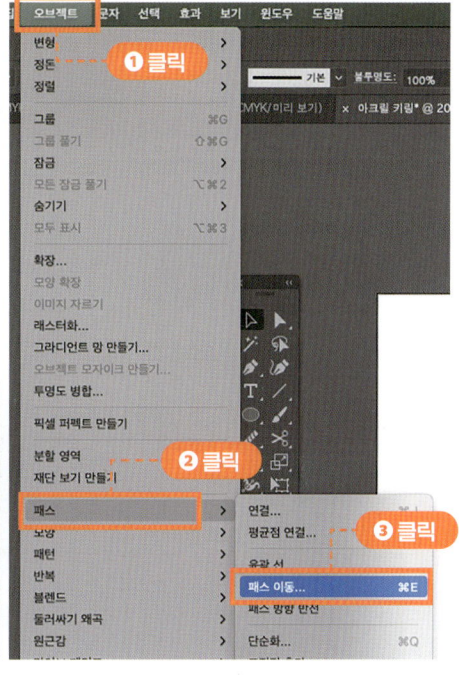

13 패스가 2mm 이동된 이미지를 선택하고 선 색, 두께, 단면, 모퉁이 등의 속성을 칼선에 맞게 변경합니다.

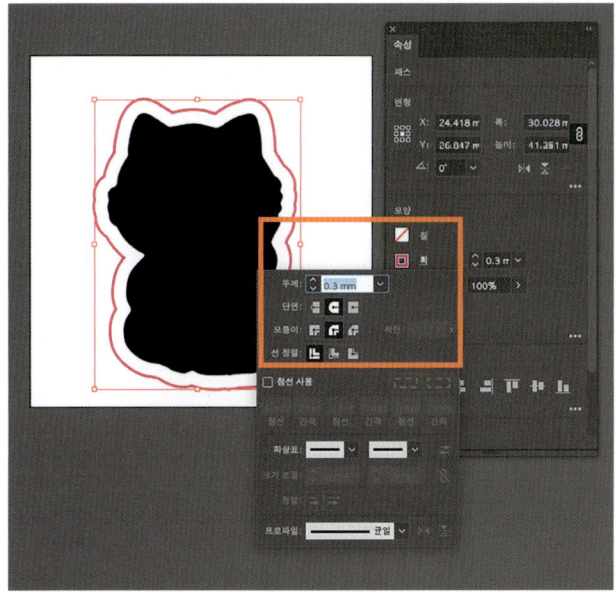

14 칼선 표시를 선택하고 복사 후 삭제합니다. 커팅 레이어를 선택한 후 [편집] > [제자리에 붙이기]로 붙여 넣어 레이어를 분리합니다.

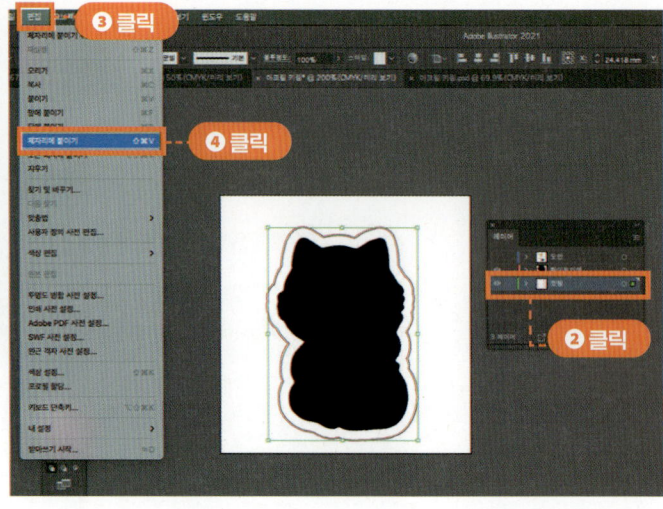

15 아크릴 키링의 고리 부분을 만들 차례입니다. 잠시 숨겨 두었던 도안 레이어는 다시 켜 주고 커팅 레이어에 너비와 높이가 7mm인 원을 그립니다. 그 안쪽으로 너비와 높이가 3mm인 원을 그리고 두 원을 가운데 정렬합니다. 칠 색은 [없음]으로 설정합니다. 이때, 고리 부분의 크기는 업체에서 요구하는 크기로 맞춰 그립니다.

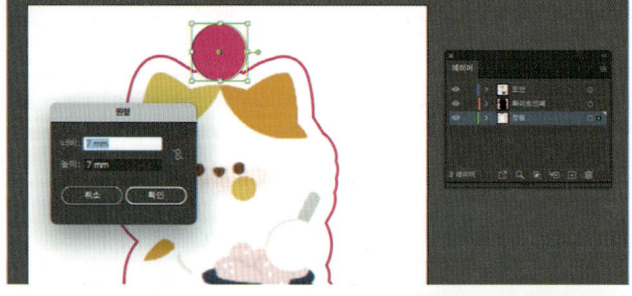

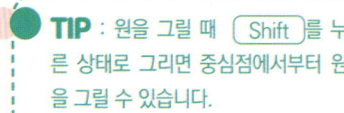

TIP : 원을 그릴 때 Shift 를 누른 상태로 그리면 중심점에서부터 원을 그릴 수 있습니다.

16 _두 원을 같이 선택한 후 패스파인더 패널에서 [교차 영역 제외]를 클릭합니다._

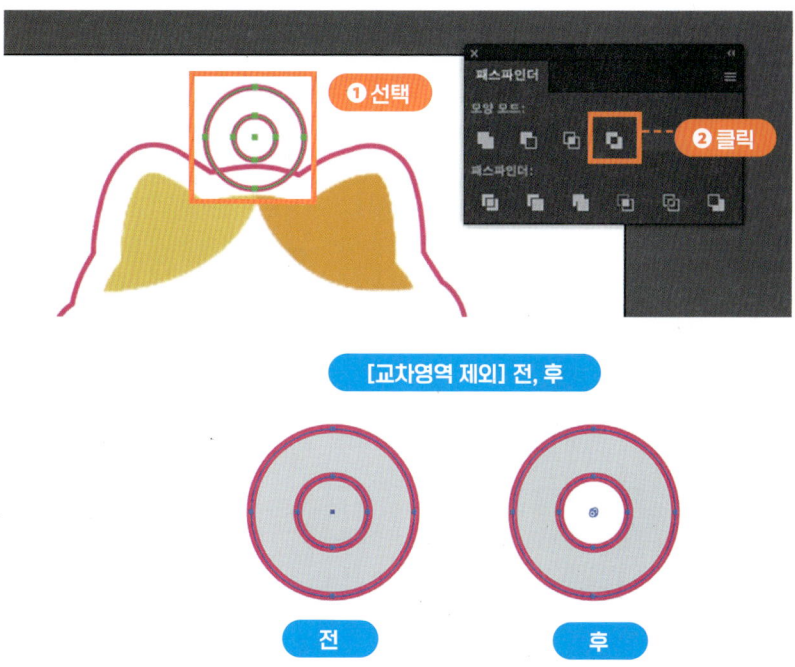

17 _만들어진 고리 부분의 위치를 잡고 칼선 이미지와 함께 선택해 패스파인더로 합칩니다._

18 레이어 패널에서 눈 아이콘을 눌러 가며 도안, 화이트 인쇄, 칼선의 레이어 분리를 확인하고 저장하면 완성입니다.

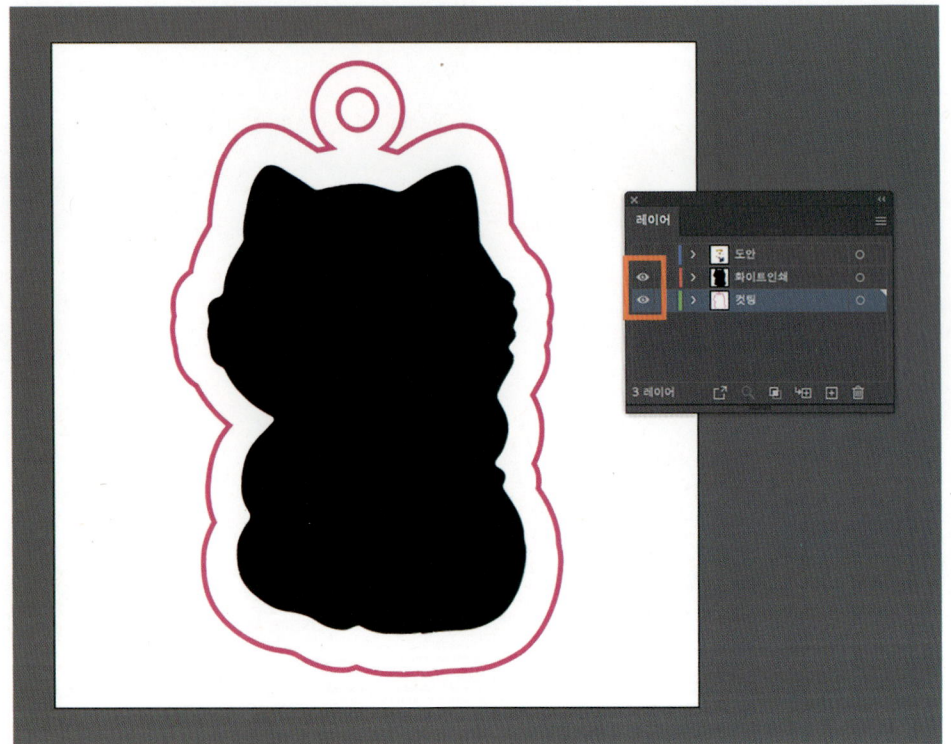

> 더 알아보아요

디지털 디바이스용 굿즈
PNG 스티커 만들기

디지털 시대의 흐름에 맞춰 디지털 다이어리 꾸미기도 많은 사람들이 즐겨 하고 있습니다. 이에 따라 인쇄물 굿즈뿐만 아니라 PNG 스티커, PDF 다이어리 속지 등 다양한 디지털 굿즈들이 판매되고 있습니다. 이러한 디지털 굿즈들은 굿노트, 삼성노트 등 다양한 앱에서 사용이 가능합니다.
우리가 만들어 볼 PNG 스티커는 제작하기 쉽고 가장 많이 판매되는 디지털 굿즈입니다.

01 프로크리에이트에서 원하는 크기의 캔버스를 생성합니다. PNG 스티커는 디지털 굿즈이므로 CMYK가 아닌 RGB로 작업합니다.

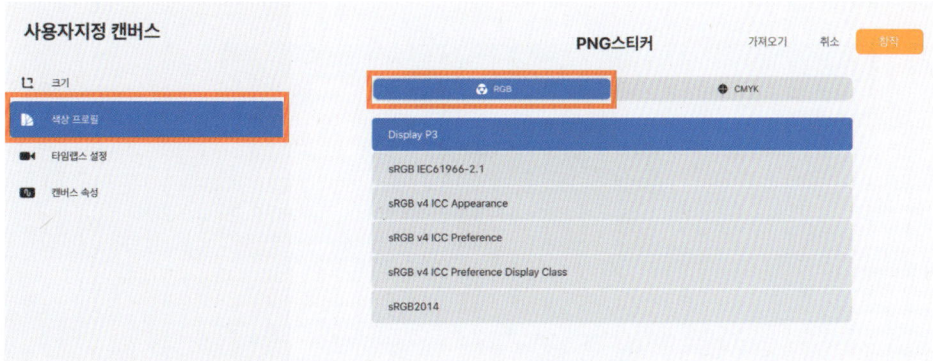

02
원하는 디자인의 도안을 자유롭게 그립니다. PNG 스티커의 경우 배경이 투명해야 하기 때문에 배경 레이어를 꺼줍니다.

03
동작 > 공유 > PNG 파일로 저장하면 완성입니다.

> **TIP** : PNG 스티커를 굿노트 앱에서 사용하는 방법을 배워 봅시다. 디지털 굿즈 판매 시 상세 페이지에 해당 내용을 기재하면 도움이 됩니다. 디지털 굿즈를 사용하는 앱은 굿노트 이외에도 다양하나 보편적으로 굿노트를 많이 사용합니다.

❶ 먼저 굿노트 앱에서 사용할 속지를 열고 아래 사진과 같이 스티커를 불러옵니다. 불러온 이미지를 탭하고, 나타나는 창에서 [자르기]를 선택합니다.

174 Part 2. 나의 상상력을 굿즈로! 제작하기

❷ PNG 스티커의 자르기 화면이 뜨면 [Freehand]를 선택하고 원하는 스티커 부분만 표시한 뒤 완료를 클릭합니다. 표시했던 부분만 잘라져 원하는 위치에 크기를 조절해서 붙일 수 있습니다.

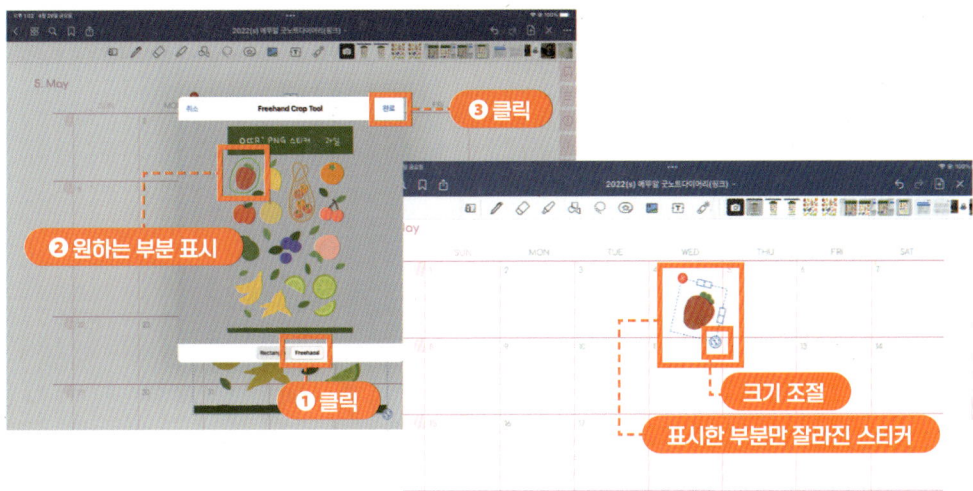

❸ 디지털 다이어리 꾸미기에서는 일기에 그날 찍은 사진을 삽입한 후 그 위에 스티커를 적용하는 경우가 많습니다. 이때 배경이 없는 PNG 스티커의 경우 깔끔하게 붙여지지만 배경이 있는 PNG 스티커 또는 JPG 파일 스티커의 경우 흰 배경 때문에 지저분하게 붙여집니다. 그렇기 때문에 디지털 굿즈용 스티커를 제작할 때에는 반드시 배경을 없애고 PNG 파일로 저장해야 합니다.

175

Part 03
이제 나도 사장님! 판매하기

내가 만든 굿즈를 판매할 수 있는 다양한 방법들을 같이 배워 봅시다.

Sell goods

- **Class 1.** 판매를 위한 준비
- **Class 2.** 브랜드 이미지 만들기
- **Class 3.** 포장하기
- **Class 4.** 홍보하기

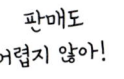

판매도 어렵지 않아!

판매를 위한 준비

'제작하기'에서 다양한 굿즈 만들기를 따라 해 보며 나만의 굿즈 만드는 법을 익혔다면
이번엔 이 굿즈가 판매로 이어질 수 있는 방법을 배워 볼까요? 굿즈 판매의 시작은 어렵고 거창한 것이 아닙니다.
다만, 소비자로부터 금전적인 대가를 받는 것이기 때문에 꼭 책임감을 가지고 시작해야 합니다.
차근차근 준비해서 나만의 굿즈 가게를 오픈해 보세요.

1 사업자 등록 및 통신판매업 신고

판매를 하기 전 가장 먼저 고민하게 되는 부분은 사업자 등록입니다. '나는 소소하고 작게 판매를 하려고 하는데 사업자 등록을 꼭 해야 하나?', '본업이 있고 취미로 시작하는 판매라 사업자 등록은 조금 부담스러운데…'와 같이 '사업'이라는 단어에 부담을 느끼고 망설이는 경우가 많습니다. 이러한 고민에 대한 답은 각자의 선택이지만, 보다 나은 답을 찾을 수 있도록 도와드릴게요.

우선 인터넷, 온라인에서 상품 판매를 하는 경우, 사업자 등록과 통신판매업 신고는 기본적으로 해야 합니다. 여기서 사업자는 지속적으로 상품을 판매하여 매출 수익이 발생하는 경우 그 규모와 상관없이 사업자 등록을 하도록 되어 있습니다. 지속적으로 상품을 판매하는 것이 아니고 일회성으로 판매하는 경우는 사업자 등록을 하지 않아도 큰 문제가 되지 않습니다.

다만, 이 '지속적'이라는 단어가 정확한 수치로 정해진 기준이 아닌 애매한 기준이기 때문에 문제가 될 수 있습니다. 문제가 생기지 않게 하기 위해서는 사업자 등록을 추천합니다. 사업자 등록의 경우, 업종에 차이는 있으나 우리가 시작하려는 굿즈 판매의 사업자 등록은 별도의 비용이 든다거나 등록 기준이 까다롭지 않기 때문에 부담 없이 등록이 가능합니다.

본업이 있는 경우, 사업자 등록을 하기 전 유의해야 할 사항이 있습니다. 만약 직장인이라면 근로계약서에 겸업 금지 조항이 있는지 꼭 확인해야 합니다. 이에 대한 부분은 노무사와 같은 전문가의 조언을 참고해 답을 찾아야 합니다.

사업자 등록은 세무서에 직접 방문하거나 홈택스를 이용해 인터넷에서 신청할 수 있습니다. 인터넷으로 판매를 하기 위해서 꼭 필요한 통신판매업 신고증은 구청에 직접 방문하거나 정부24를 이용해 인터넷에서 신청할 수 있습니다.

2 제작 업체 선정 방법과 업체 소개

업체 선정 방법

취미로 굿즈를 제작할 경우 제작 업체는 큰 고민 없이 제작 최소 수량만 확인한 후 선정합니다. 하지만, 본격적인 판매를 앞두고 제작 업체를 선정할 경우는 제작 수량뿐만 아니라, 원가, 제작 퀄리티 등 다양한 기준으로 비교하며 선정해야 합니다.

가장 신중하게 비교해야 하는 부분은 제작 최소 수량입니다. 최소 수량이 높을수록 원가는 낮아지지만 제작 수량이 높아질수록 재고 관리가 힘들어질 수 있습니다. 처음 판매를 시작하는 경우 팔리지 않는 재고들이 골칫덩이가 될 수 있으니 판매 초반에는 원가가 조금 비싸더라도 최소 수량이 적은 곳을 선정하는 것이 좋습니다.

인쇄물은 같은 작업 파일이라 하더라도 제작 업체에 따라 컬러가 다르게 제작될 수 있습니다. 이러한 제작 퀄리티를 업체별로 비교하며 내가 원하는 컬러에 더 가까운 업체로 선정합니다.

또, 같은 스티커를 제작한다고 하더라도 업체에 따라 제작 기간이 다릅니다. 빠른 곳은 2~3일 안에 제작이 되기도 하며, 느린 곳은 3~4주가 걸리는 경우도 있습니다. 이러한 제작 기간 또한 업체 선정 시 비교하면 좋습니다.

같은 업체를 쓰더라도 개인의 업무 방식에 따라 장단점을 느끼는 부분이 다릅니다. 그러니 다양한 업체들을 경험해 보며 나와 업무 방식이 가장 잘 맞는 업체를 선정하시길 바랍니다.

다양한 제작 업체

엽서, 명함	
성원애드피아	www.swadpia.co.kr
애즈랜드	www.adsland.com
레드프린팅 앤 프레스	www.redprinting.co.kr
로이프린팅	www.roiprinting.co.kr
포스트링	www.postring.co.kr
디지털프린팅	www.dprinting.biz

떡메모지	
성원애드피아	www.swadpia.co.kr
애즈랜드	www.adsland.com
와우프레스	www.wowpress.co.kr
프린트시티	www.printcity.co.kr
디지털프린팅	www.dprinting.biz

스티커	
성원애드피아	www.swadpia.co.kr
애즈랜드	www.adsland.com
레드프린팅 앤 프레스	www.redprinting.co.kr
로이프린팅	www.roiprinting.co.kr
디지털프린팅	www.dprinting.biz
오프린트미	www.ohprint.me
프린트시티	www.printcity.co.kr
미성출력	www.msprint.co.kr
킨스샵	www.kensshop.co.kr
모다82	www.moda82.co.kr
더팬스	www.t-free.co.kr

폰케이스	
마플	www.marpple.com
와우박스	www.wow-box.co.kr
레드프린팅 앤 프레스	www.redprinting.co.kr

그립톡	
레드프린팅 앤 프레스	www.redprinting.co.kr
마플	www.marpple.com
동호아크릴	blog.naver.com/donghoac
더드림코리아	smartstore.naver.com/thedreamkorea

마스킹 테이프	
로고테이프	www.logotape.kr
디테마테	www.detemate.com
애즈랜드	www.adsland.com
로이프린팅	www.roiprinting.co.kr
이룸테이프	www.2ruumtape.com
마테스토리	www.matestory.com

달력	
스냅스	www.snaps.com
인터프로인디고	www.interproindigo.com
포스트링	www.postring.co.kr
후니프린팅	www.huniprinting.com

안경닦이	
후니프린팅	www.huniprinting.com
로이프린팅	www.roiprinting.co.kr
레드프린팅 앤 프레스	www.redprinting.co.kr

파우치, 에코백		유리컵	
마플	www.marpple.com	드므	www.deumeu.co
레드프린팅 앤 프레스	www.redprinting.co.kr	디시위시	www.dishwish.co.kr
후니프린팅	www.huniprinting.com	담상닷컴	www.damsang.com
승화파트너스	www.sunghwapat.co.kr	키링	
유어팩토리	www.yourfactory.co.kr	레드프린팅 앤 프레스	www.redprinting.co.kr
핀버튼, 손거울		로이프린팅	www.roiprinting.co.kr
루아샵	www.ruashop.co.kr	올댓프린팅	www.allthatprinting.co.kr
레드프린팅 앤 프레스	www.redprinting.co.kr	스냅스	www.snaps.com
로이프린팅	www.roiprinting.co.kr	빔팩토리	smartstore.naver.com/beamfactory
애즈랜드	www.adsland.com	더팬스	www.t-free.co.kr
로고앤캐릭터	smartstore.naver.com/motiontree	힙트릿	smartstore.naver.com/hiptreet
배지			
러브뱃지	www.lovebadge.kr		
만수메달	www.mansumedal.kr		
홍기금속	www.hongki.co.kr		

3 판매 채널

판매를 하기 위한 공간은 온라인, 오프라인으로 나뉘어 다양하게 있습니다. 다양한 판매 채널 중 나의 상황에 맞는 방식을 골라 판매를 진행할 수 있습니다.

온라인

● **자사몰(공식 홈페이지)** : 카페24, 식스샵과 같이 홈페이지 제작 플랫폼 업체를 통해 브랜드의 자사몰을 직접 생성해 운영합니다. 브랜드의 신뢰도를 높일 수 있으며 브랜드만의 색을 가장 잘 보여줄 수 있다는 장점이 있지만 자사몰로 처음 판매를 시작하기에는 홍보의 어려움이 있습니다. 또한 자유롭게 디자인할 수 있지만 결제 시스템부터 모든 부분을 직접 승인받고 처리해야 하기에 처음 시작할 때 버거울 수 있습니다.

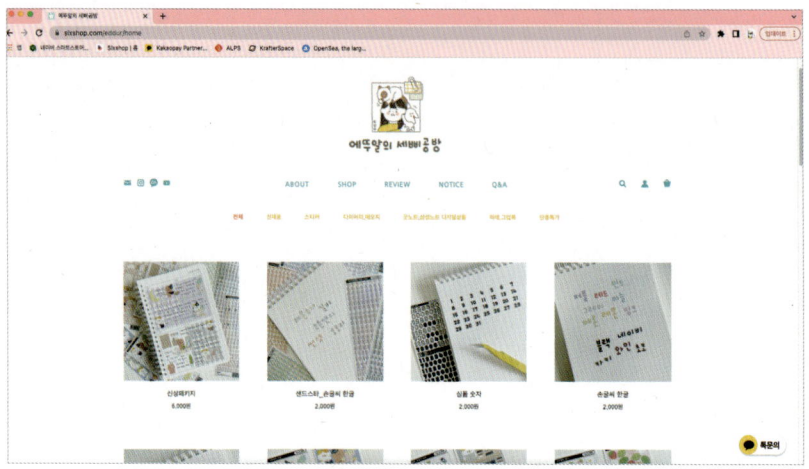

'식스샵'을 통해 제작한 자사몰

● **네이버 스마트스토어** : 네이버에서 제공하는 판매 플랫폼으로 네이버 자체 검색 노출이 높은 편이며 제공되어 있는 시스템을 그대로 사용하면 되기에 하나하나 직접 신경 써야 하는 부분이 적습니다. 자사몰을 사용하기 전 판매를 처음 시작할 때 사용하기 좋습니다. 다만, 네이버 자체의 판매 패널티와 같은 제약이 있어 운영 자유도는 자사몰보다 떨어집니다.

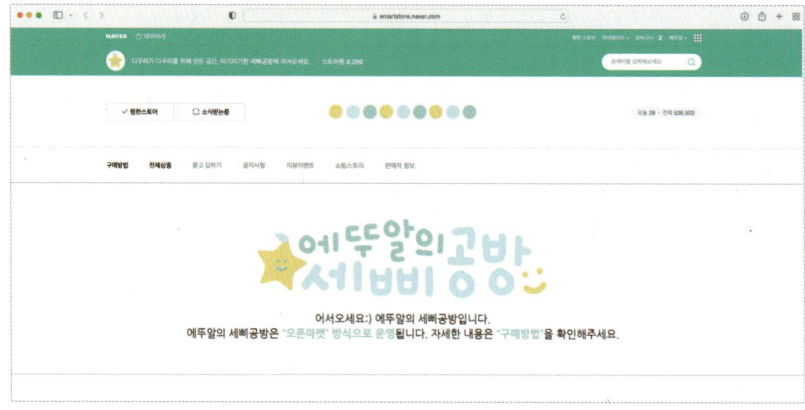

네이버 스마트스토어로 만든 온라인 쇼핑몰

● **온라인 입점 :** 텐바이텐, 핫트랙스와 같이 큰 사이트, 작은 소품샵 사이트 등 여러 업체들을 모아서 판매하는 판매 채널에 입점합니다. 업체로부터 입점 제안이 올 수도 있고 제안서를 만들어 입점 제안을 요청할 수도 있습니다. 각 사이트 홍보로 인해 개인이 직접 하는 홍보보다 노출이 많으며 배송도 직접 해 주는 경우가 있어 편리합니다. 다만, 수수료가 높아 신중하게 생각해야 합니다.

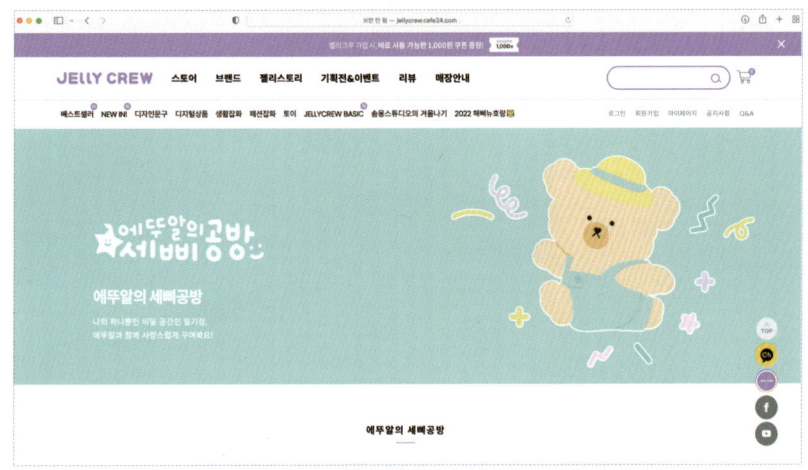

'젤리크루' 온라인몰 입점

● **주문폼 :** 별도의 사이트가 없이 주문폼으로 주문을 받는 방식입니다. 오픈마켓 방식으로 판매 중이거나 판매량이 적어 사이트를 만들기 부담스러울 경우 주문폼을 사용하기도 합니다. 주문폼 자체가 사이트보다는 복잡한 시스템이며 현금 결제만 가능해 구매자가 불편할 수 있습니다.

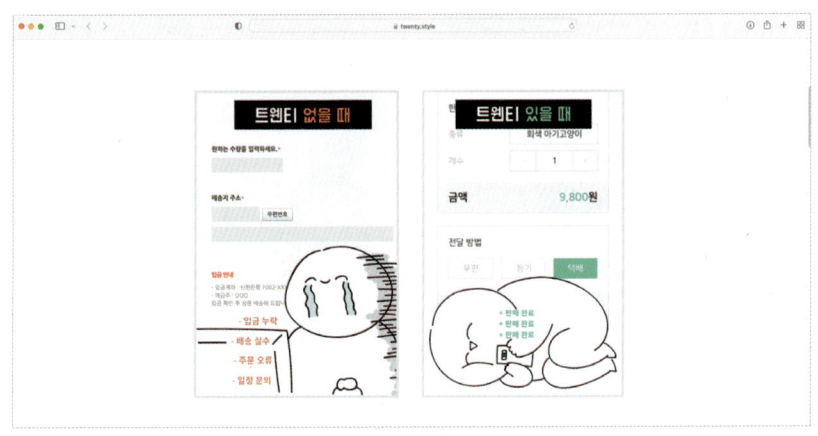

주문폼을 만들 수 있는 '트웬티'

Class 1. **판매를 위한 준비** 183

오프라인

- **자체 오프라인 매장** : 직접 운영하는 자체 오프라인 매장은 온라인 자사몰과 마찬가지로 스스로 해야 하는 일이 많고 운영 비용에 대한 부담이 높은 것이 단점입니다. 다만, 브랜드의 신뢰도가 높아지며 자유롭게 운영할 수 있다는 장점이 있습니다.

브랜드 러브미모어(@love.me.more_s2)의 매장

- **오프라인 입점** : 온라인 입점과 마찬가지로 큰 업체부터 작은 소품샵까지 다양한 업체에 위탁 판매하는 방식입니다. 수수료와 입점 비용을 꼼꼼히 살펴보고 진행합니다. 다른 판매 채널을 운영하지 않고 입점처 판매만 운영할 경우 사업자 등록증 없이 프리랜서로 운영이 가능하기도 합니다.

'YES24 중고서점' 입점

● **플리 마켓, 팝업 스토어, 페어** : 작게 열리는 플리 마켓이나 정기적으로 크게 열리는 페어 그리고 백화점 팝업 스토어 등의 행사로 판매를 진행하는 방식입니다. 꽤 규모가 큰 행사들로 준비 기간이 길고 체력 소모가 크다는 단점이 있습니다. 하지만 브랜드를 알리기 좋고 트렌드를 알기 좋습니다. 참가비와 수수료를 꼼꼼히 살펴보고 진행합니다. 서울 일러스트 페어 같은 규모가 큰 행사는 판매자와 구매자의 입장에서 모두 경험해보는 것을 추천합니다.

① 플리 마켓 참여
② '젤리크루'에서 진행한 백화점 팝업 스토어 참여
③ '서울 일러스트페어'에 참가한 러브미모어(@love.me.more_s2)

Class 1. 판매를 위한 준비　*185*

온/오프라인 입점 방법

온/오프라인 입점은 입점처에 제안을 받아 입점하는 방법과 내가 직접 제안서를 넣는 방법 두 가지로 나뉩니다. 브랜드가 성장함에 따라 입점 제안의 횟수가 늘어나니 메일 확인을 틈틈이 해 줍니다. 다만, 처음부터 입점 제안을 받기는 어렵습니다. 그래서 직접 입점 제안서를 넣어야 합니다.

입점하고 싶은 판매처의 홈페이지에 들어가 입점 문의를 합니다. 보통 큰 업체는 홈페이지 안에서 입점 문의가 가능합니다. 이때, 온라인/오프라인 어느 곳에 입점할지 선택합니다.
만약 입점을 문의하는 공간이 따로 없다면 판매 브랜드의 메일이나 담당자 메일을 통해 제안서를 제출합니다.

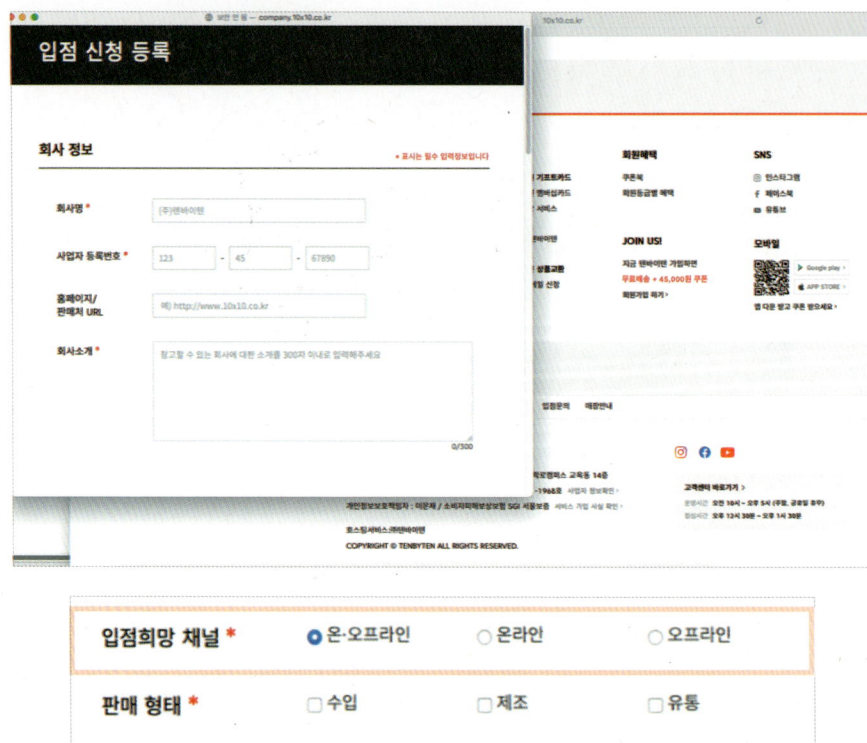

텐바이텐의 입점 신청서

플리 마켓과 페어 참여 방법

플리 마켓은 소규모로 진행하는 행사가 많습니다. 다양한 행사 참여를 원한다면 이러한 행사 정보들을 모아 둔 네이버 카페에 가입하는 걸 추천합니다. 플리 마켓 정보들을 둘러보며 나와 맞는 플리 마켓을 찾아 참여해 봅니다. 페어는 주최측 홈페이지에서 신청 기간을 확인한 후 신청합니다. 페어는 일찍부터 신청을 받는 경우가 많으니 알람 설정을 해 두고 신청 기간을 놓치지 않도록 주의합니다.

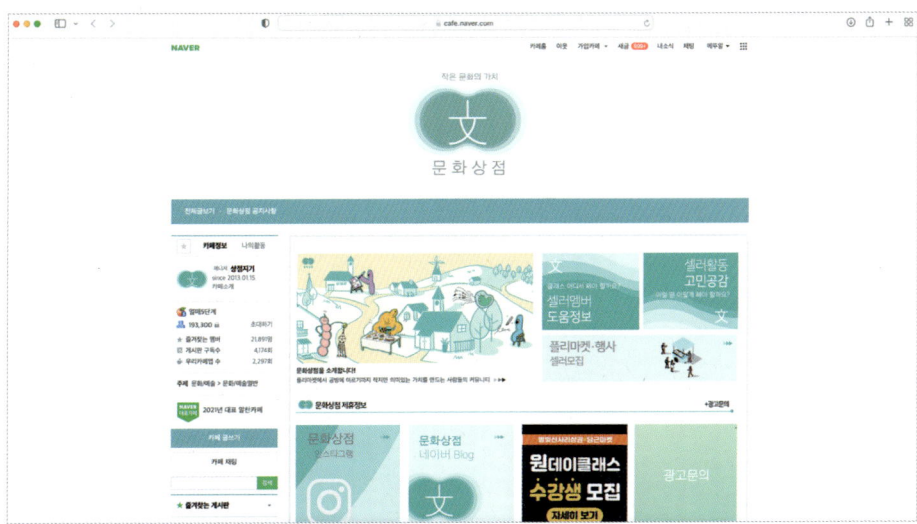

플리 마켓 정보를 찾을 수 있는 네이버 카페 '문화상점'

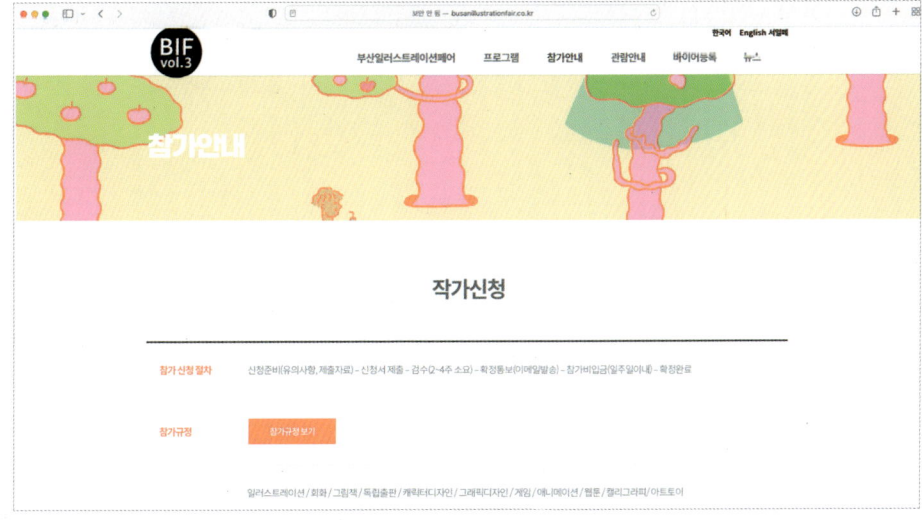

'부산 일러스트 페어' 홈페이지의 참가 신청

브랜드 이미지 만들기

겉으로 보이는 이미지만으로도 브랜드의 퀄리티가 올라갈 수 있습니다.
이러한 이미지는 어떻게 만들어야 할까요?

첫 번째 ····· 나의 브랜드의 콘셉트를 정하고 그에 맞는 로고를 만듭니다. 로고는 가장 대표적인 브랜드 이미지이며 포장용 제품을 만들 때, 온·오프라인 입점처에서 로고 파일을 요구하는 경우 등 다양한 곳에서 사용됩니다. 때문에 로고 제작은 필수적인 작업입니다.

두 번째 ····· 온·오프라인 판매 플랫폼에 입점하기 위해 제안서가 필요한 경우가 있습니다. 이때, 갑자기 제안서를 만들어야 한다면 정말 막막할 겁니다. 로고를 만든 후 어느 정도 굿즈 제작이 완료되었다면 제안서를 미리 만들어서 준비해 두는 것이 좋습니다.

세 번째 ····· 온라인 판매 시 꼭 필요한 상세 페이지 작업입니다. 그냥 사진만 주르륵 넣어 두는 상세 페이지를 만들기보다는, 브랜드 이미지를 넣어 상세 페이지 안에서도 남들과는 다른 매력을 줄 수 있어야 합니다. 상세 페이지는 자사몰에서 사용될 뿐만 아니라 온라인 입점 시 입점처에서 요구하는 경우가 있으니 자사몰이 없다고 하더라도 필요한 작업입니다.

위 세 가지의 작업은 처음부터 완벽하게 해야 한다는 생각으로 시작하시면 어려울 것입니다. 굿즈를 만들다 보면 점차 브랜드의 방향성이 바뀌게 될 수도 있습니다. 로고, 제안서, 상세 페이지 모두 충분히 수정이 가능한 작업들이기 때문에, 브랜드에 맞게 수정해 나가면 되니 우선은 가벼운 마음으로 시작해 보시길 바랍니다.

1 로고 만들기

로고는 브랜드의 얼굴입니다. 로고만 봐도 브랜드를 떠올릴 수 있도록 브랜드의 콘셉트에 맞춰 디자인합니다. 브랜드 이름의 뜻과 브랜드의 특징을 간단한 단어들로 적어 보고 마인드맵을 그려 봅니다. 그렇게 공통되는 키워드에 어울리는 색상과 이미지를 만듭니다. 그 이미지를 단순화하고 공통된 색상을 선택해 브랜드만의 로고를 만들 수 있습니다.

위 설명의 예시로 '에뚜알의 세삐공방'의 로고를 따라 만들어 보고 내 브랜드 로고 만들기에 적용해 봅시다.

01 브랜드명을 중심에 적고 브랜드를 상징하는 키워드와 굿즈 콘셉트를 간단하게 적어서 연관성과 상징성을 찾습니다. (키워드 예시 : 귀여움, 키치함, 빈티지, 핑크, 동화, 캐릭터 등등)

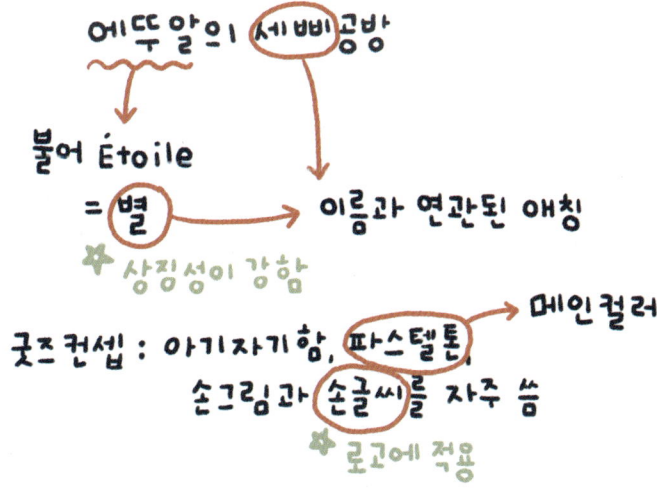

TIP : 큰 키워드를 먼저 적고 마인드맵으로 작은 키워드들까지 자유롭게 적다 보면 좀 더 디테일한 브랜드 콘셉트의 상징성을 찾을 수 있습니다.

02 정리한 키워드를 보며 브랜드와 어울리는 브랜드 컬러를 정할 차례입니다. 아트보드 좌측 상단에 작은 원형을 그립니다.

기본 아이콘이 사각형 도구일 경우 아이콘을 1-2초 꾹 누르고 있으면 다른 도형의 아이콘을 선택할 수 있습니다.

03 저는 아기자기한 파스텔 톤을 자주 사용하는데, 굿즈 콘셉트와 맞는 컬러로 원을 칠합니다.

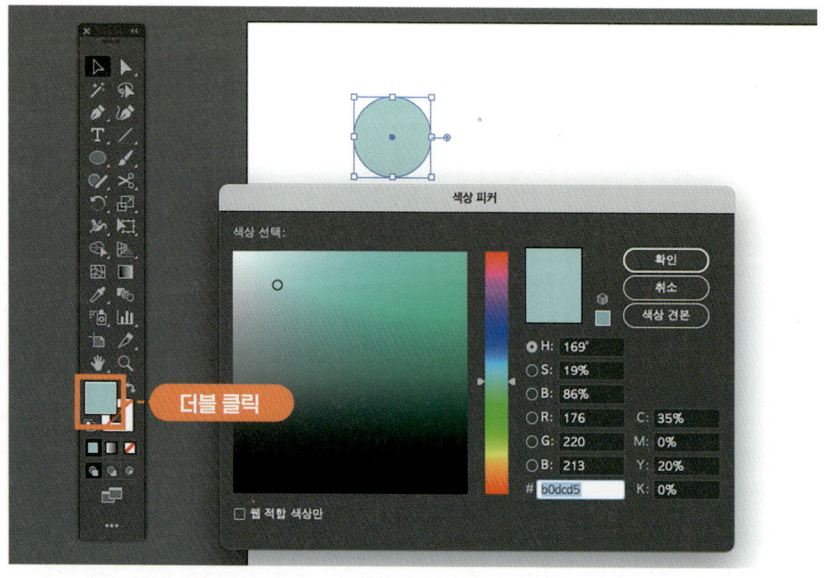

04 추가로 두 가지 컬러를 더 선택해서 같은 방법으로 그려 넣습니다. 너무 많은 컬러를 선택하면 상징성이 떨어지기 때문에 2~4개 정도가 가장 좋습니다. 앞으로 자주 사용하게 될 브랜드 컬러이므로 컬러가 칠해진 도형 밑에 CMYK 비율을 적어서 정리해 둡니다.

05 브랜드의 상징성을 가장 잘 나타내는 별이라는 키워드로 로고를 만들어 보겠습니다. 별 모양 도구를 선택해서 별을 그립니다.

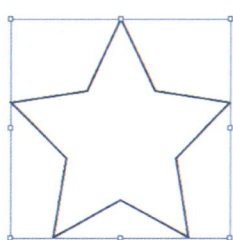

06 아기자기한 브랜드 콘셉트에 어울리도록 모퉁이를 둥글게 바꿉니다. [효과] > [스타일화] > [모퉁이 둥글리기]에서 반경을 4mm로 설정합니다. 이때, 미리보기를 클릭해 모양을 확인하면서 원하는 만큼의 반경을 선택하시면 됩니다.

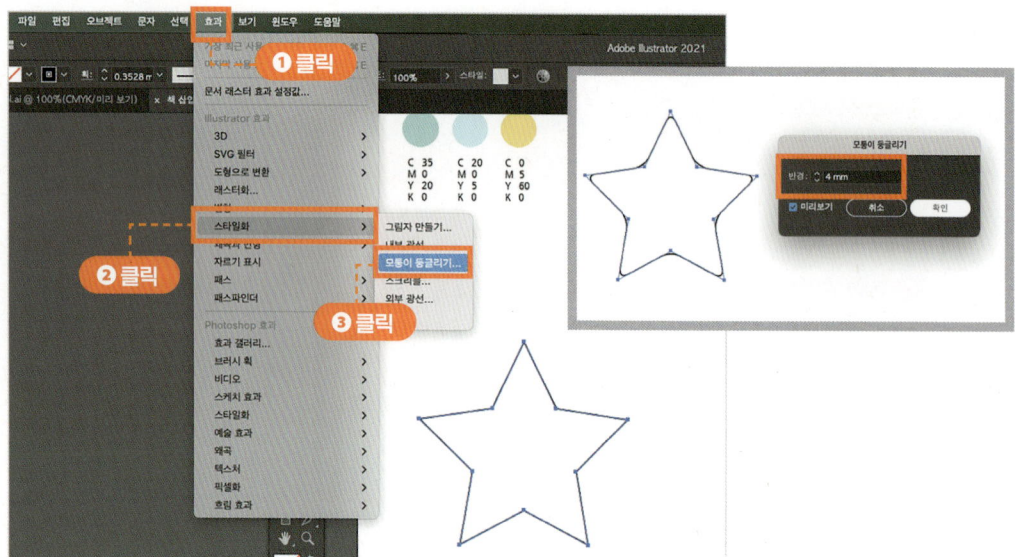

07 [오브젝트] > [모양 확장]으로 둥근 별 모양 도형을 완성합니다.

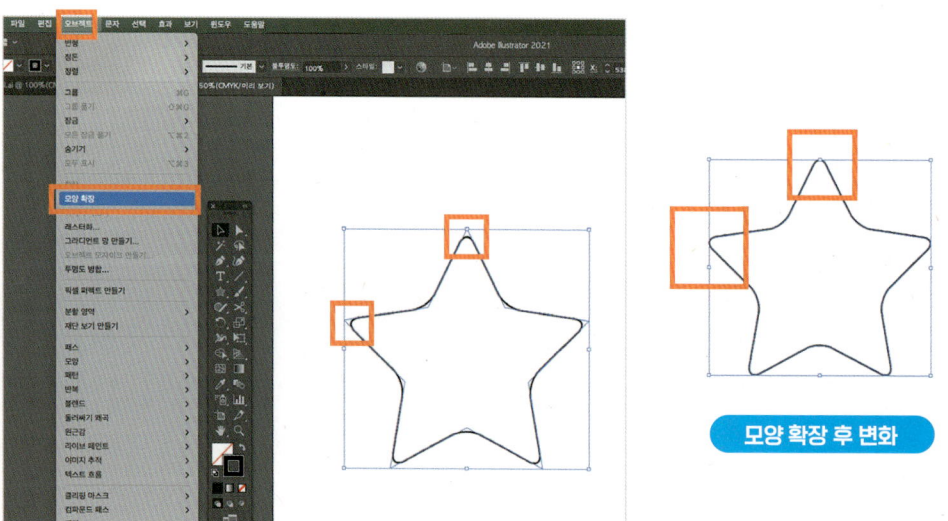

08 단순한 별 모양만으로 로고를 만들지 않고 디테일을 추가해 보겠습니다. 완성된 별 모양 위에 작은 타원형을 그립니다.

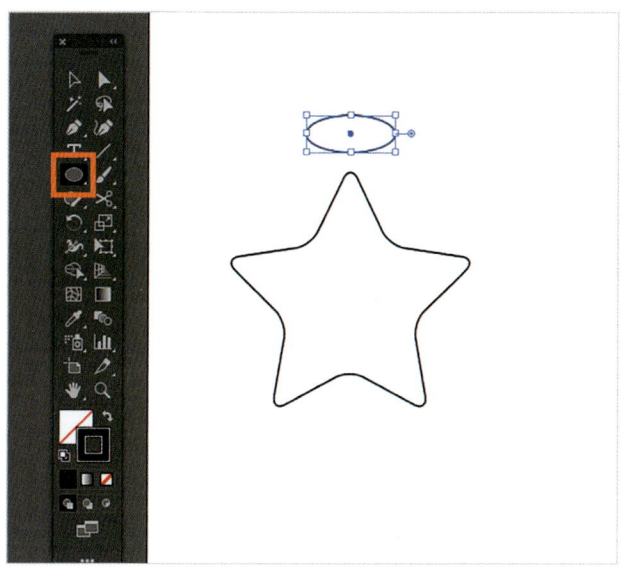

09 작은 타원형의 왼쪽 앵커포인트를 고정점 도구로 뾰족하게 만듭니다. 고정점 도구 아이콘을 선택한 후 뾰족하게 만들 앵커포인트를 클릭합니다.

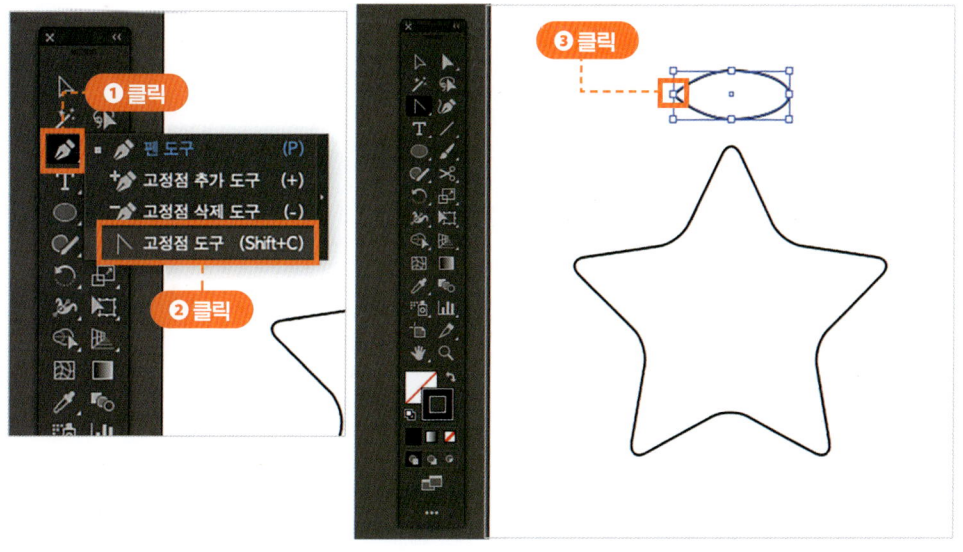

10 직접 선택 도구로 가운데 위아래 두 앵커포인트를 한번에 선택합니다. 좌우 방향키를 이용해 앵커포인트를 움직여 자연스러운 나뭇잎 모양을 만듭니다.

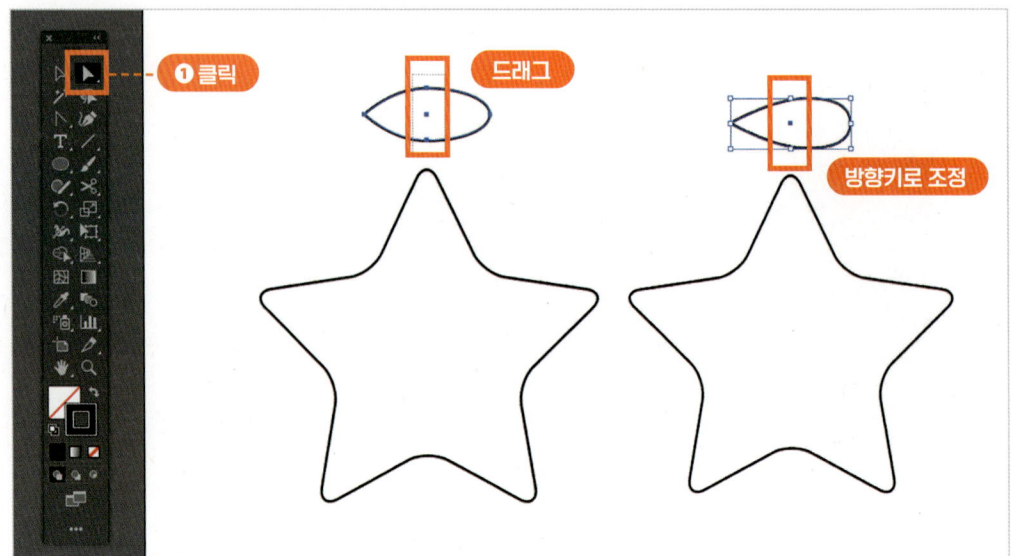

11 완성된 나뭇잎 모양과 별 모양을 배치합니다. 별 모양 위에 나뭇잎 한 장이 포인트가 되었습니다.

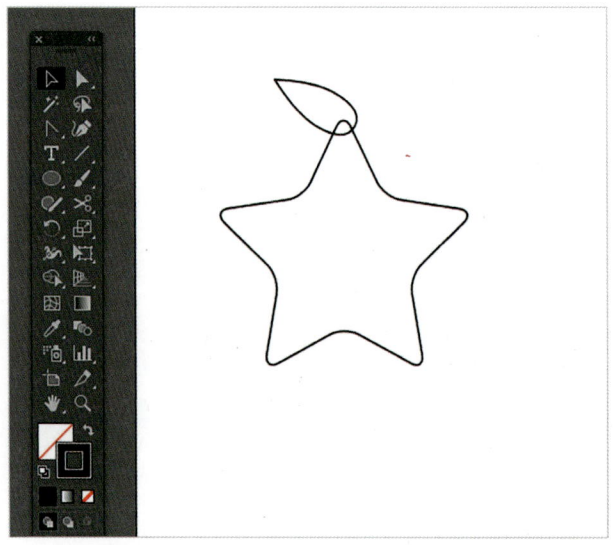

12 브러시 도구로 눈과 입을 그려준 후 [오브젝트] > [패스] > [윤곽선]을 선택해 눈과 입을 선에서 면으로 변경합니다.

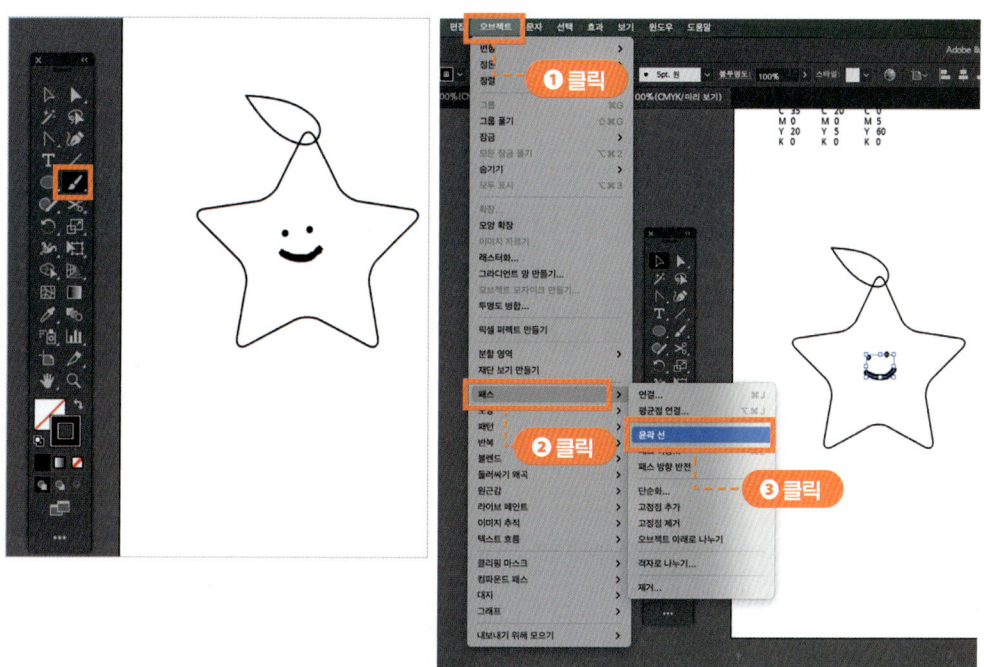

13 처음 정해 둔 브랜드 컬러로 색을 채우고 선 색을 없음으로 설정합니다.

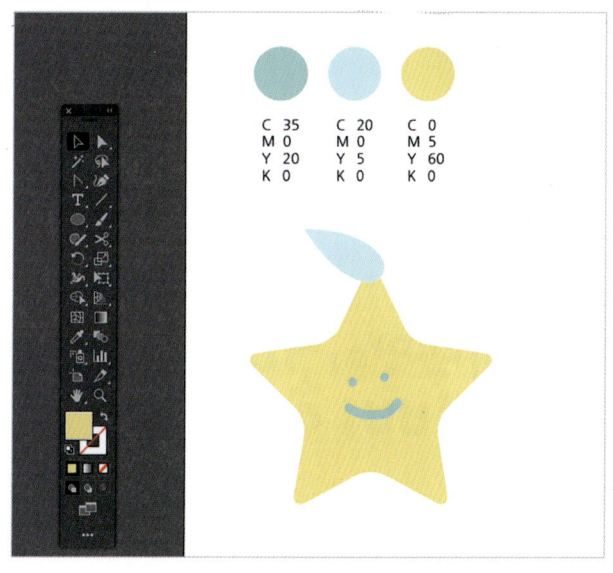

14 손글씨를 많이 활용하는 브랜드 콘셉트에 맞춰 브랜드명은 브러시 도구를 이용해 직접 그립니다. 브랜드 콘셉트에 맞는 무료 폰트를 사용해도 좋습니다. 브러시 도구로 그린 브랜드명도 별의 눈과 입을 그렸을 때와 마찬가지로 선에서 면으로 바꿔 완성합니다.

15 완성된 브랜드명과 별 그림을 어울리게 배치하고 브랜드 컬러로 색을 채웁니다.

16 로고는 다양한 곳에 많이 쓰입니다. 꼭 컬러로만 사용되는 것이 아닙니다. 만들어 둔 로고를 2개 더 복사한 후 흑백으로 맞춰 색을 바꾸고 음각에 맞춰 블랙으로 색을 바꿉니다. 이렇게 한 파일 안에 브랜드 컬러와 로고의 3가지 버전을 함께 저장해 보관합니다.

꼭 브랜드명과 이미지가 모두 들어갈 필요는 없습니다. 간단하게 브랜드명만 콘셉트에 맞는 컬러와 폰트로 완성해도 되고 반대로 브랜드명 없이 이미지로만 완성하셔도 됩니다. 여러분 브랜드의 콘셉트에 맞는 다양한 로고들을 만들어 보세요.

2 제안서 만들기

브랜드의 로고가 완성되었다면 이 로고를 사용하여 브랜드 제안서를 만들어 볼까요? 온/오프라인 입점 요청을 위해 내 브랜드를 소개하는 제안서를 만들어 봅시다.

01 일러스트레이터에서 297x210(mm) 크기의 아트보드를 6개 만듭니다. 이때 아트보드의 개수는 만들 제안서의 앞표지와 뒤표지를 포함한 페이지 수입니다.

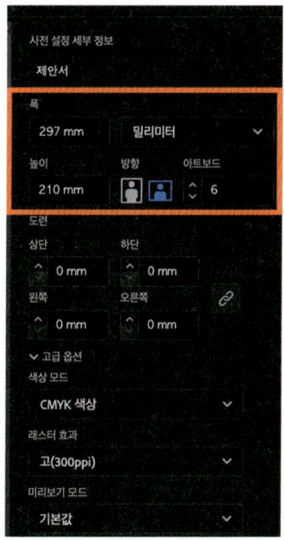

02 첫번째 아트보드에 표지를 만듭니다. 만들어 둔 로고를 복사해 가운데 붙여 넣고 사각형 도구로 아트보드의 위아래를 채웁니다. 컬러는 브랜드 컬러로 지정해 둔 것을 사용합니다.

03 제안서에서 가장 먼저 보여 줘야 할 내용은 브랜드 소개입니다. 두번째 아트보드 좌측 상단에 브랜드 소개 타이틀을 적습니다.

04 타이틀이 필요한 아트보드 페이지마다 같은 위치에 삽입합니다. 처음 적은 타이틀을 복사하고 붙여 넣을 아트보드를 선택한 후 [편집] > [제자리에 붙이기]로 붙여 넣습니다.

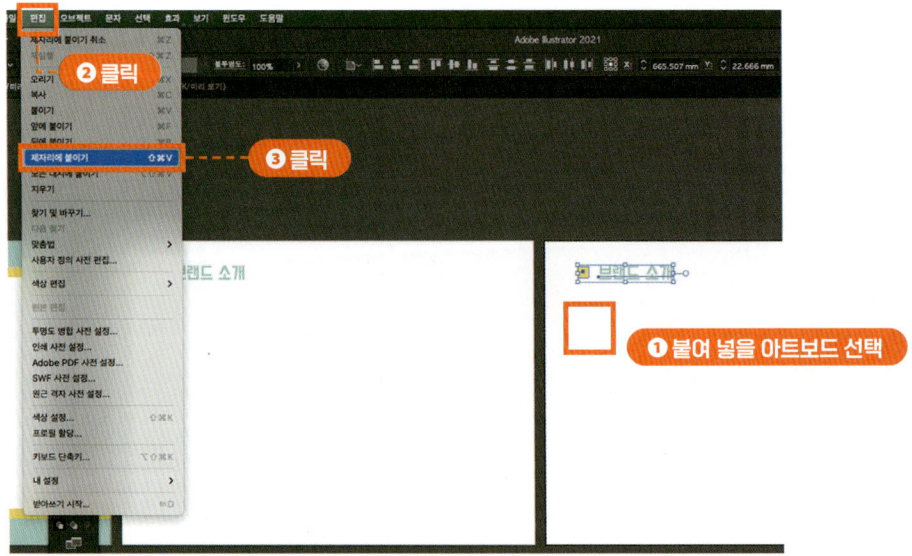

05 뒤표지 아트보드를 제외한 모든 페이지에 타이틀을 붙여 넣고 해당하는 타이틀을 작성합니다.

06 브랜드 소개 페이지를 작성합니다. 브랜드를 대표하는 이미지를 넣고 브랜드에 대한 소개 글을 적습니다.

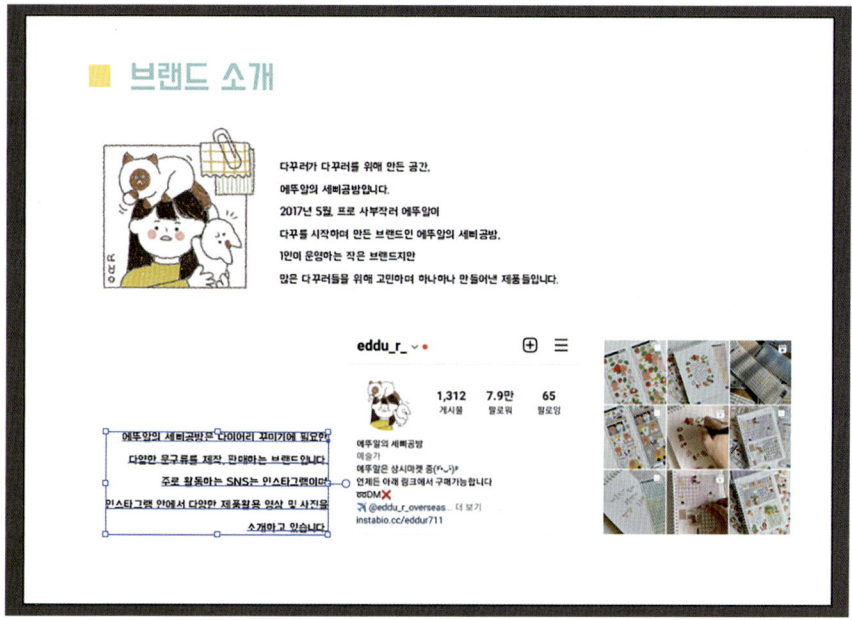

07 브랜드를 대표하는 캐릭터가 있다면 두 번째로 캐릭터 소개 페이지를 제작합니다. 만약 캐릭터가 따로 없다면 생략해도 됩니다.

08 브랜드와 캐릭터의 소개가 끝나면 대표하는 제품 리스트를 보여 줍니다. 다양한 제품군을 보여 주는 것이 좋습니다.

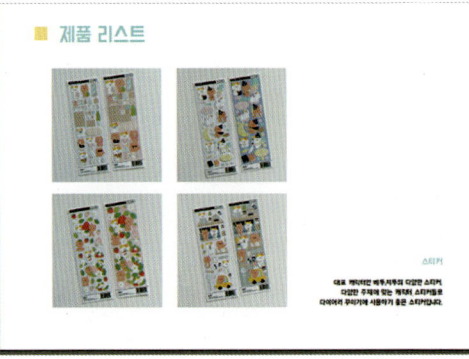

09 앞표지의 위아래에 그렸던 사각형을 복사해 마지막 페이지에 제자리에 붙이기 합니다.

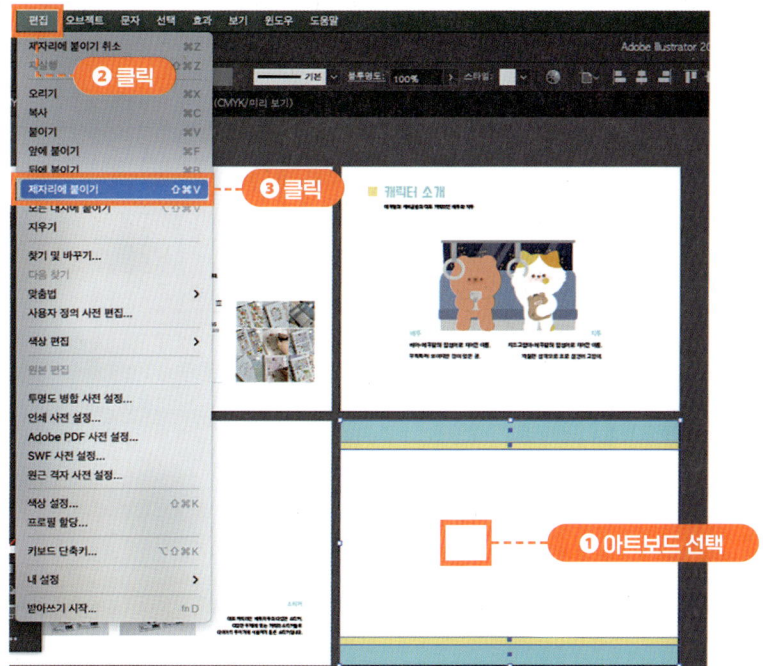

10 뒤표지에는 로고와 담당자 이름, 연락처, 스토어 주소 등 연락 가능한 내용들을 적습니다.

11 제안서가 모두 완성되었다면 오탈자 확인 후 [파일] > [다른 이름으로 저장] > [Adobe PDF(pdf)]로 저장합니다. 서면으로 제출이 필요한 경우 저장한 파일을 그대로 인쇄해 사용하고 메일 발송인 경우 pdf 파일로 제출합니다.

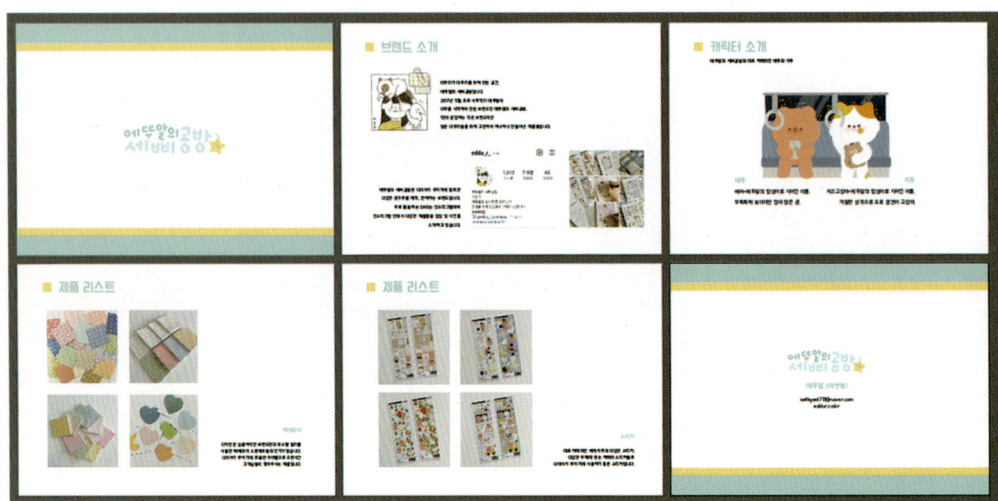

완성된 제안서

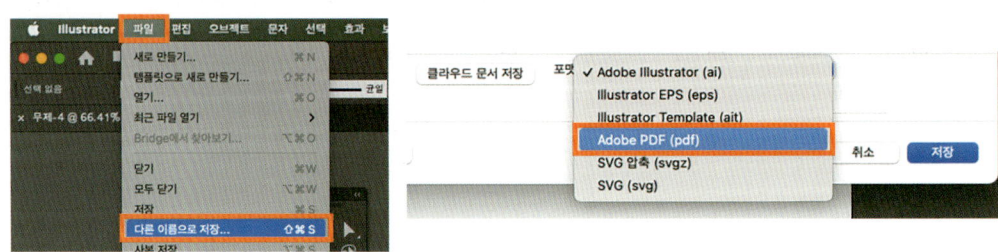

TIP : 제안서의 장 수는 정해져 있지 않지만 너무 욕심부려 많이 만들 경우 자칫 지루해질 수 있으므로 베스트 제품들 위주로만 제품 리스트를 구성하고 10장 정도로 제작합니다.

3 상세 페이지 만들기

자사몰 또는 스마트스토어를 사용하거나 온라인 입점을 하는 경우 제품 상세 페이지가 필요합니다. 처음 접하는 상세 페이지 작업이 어려워 보일 수 있으나 생각보다 간단하고 쉽게 만들 수 있습니다.

01 일러스트레이터에서 1000x1000픽셀 사이즈의 아트보드를 생성합니다. 굿즈 작업들은 인쇄물 작업이지만 상세 페이지는 웹용 작업이기 때문에 이전 작업들과 다르게 RGB 색상 모드로 설정하고 해상도도 72ppi로 맞춥니다.

02 상세 페이지 아트보드 사이즈의 가로는 1000픽셀로 고정하지만 세로는 상세 페이지 내용에 맞게 사이즈를 늘립니다. 대략적인 사이즈를 생각해서 대지 도구로 세로 사이즈를 늘립니다.

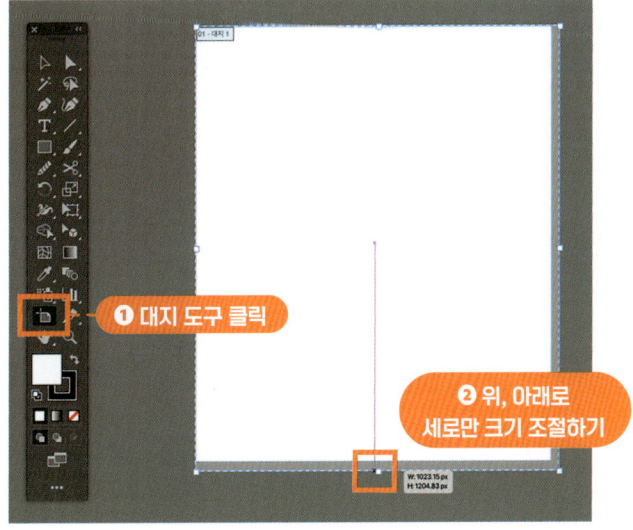

❶ 대지 도구 클릭
❷ 위, 아래로 세로만 크기 조절하기

03 가장 상단에는 로고를 삽입하고 로고 아래로 제품명을 크게 적습니다. 그 다음 제품 상세 내용을 요약하여 적습니다.

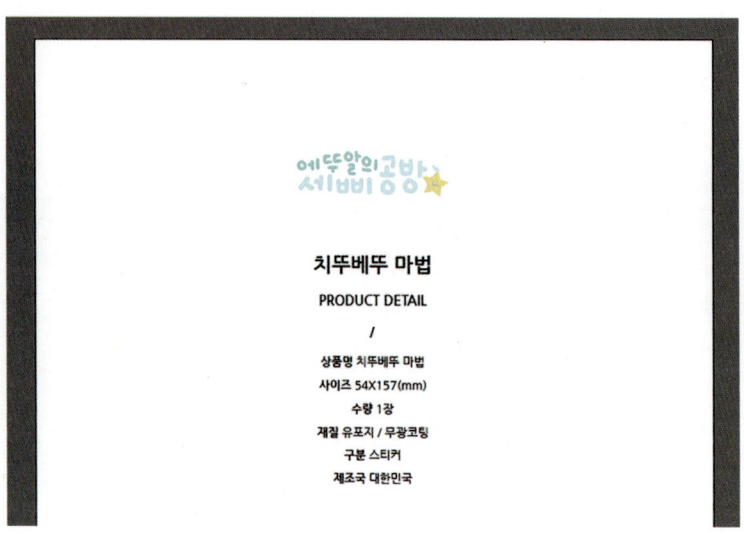

04 제품 상세 내용을 적었다면 제품의 상세 컷이 담긴 다양한 사진들을 가져와 채웁니다. 이때 사진 밑으로 추가할 내용이 있으면 같이 추가합니다. 설정된 아트보드의 크기가 모자라면 대지 도구를 사용해 세로의 크기를 늘립니다.

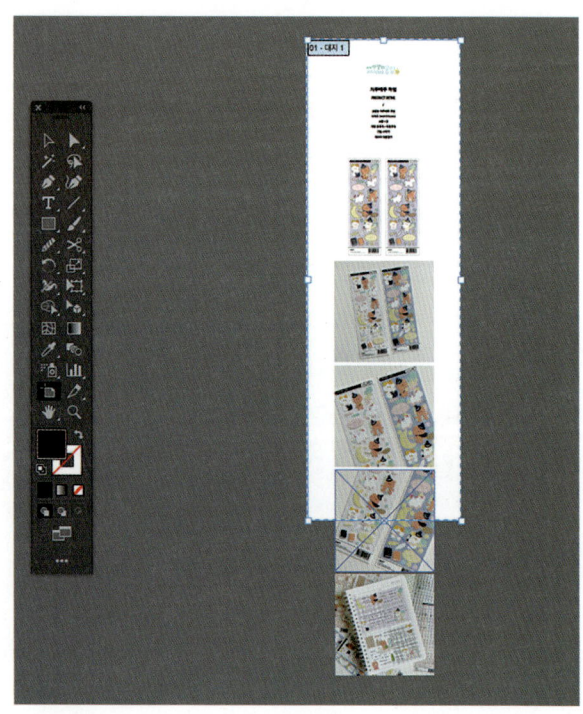

05 제품의 설명과 사진들의 배치가 끝나면 맨 아래에 구매 시 주의가 필요한 내용들을 적습니다. 보통은 교환, 반품에 관련된 내용이나 불량에 대한 내용을 적습니다. 제작 업체에 따라 파본으로 인정해주는 기준이 달라 이 부분에 다양한 내용이 추가될 수 있으니 꼼꼼히 확인하여 작성합니다.

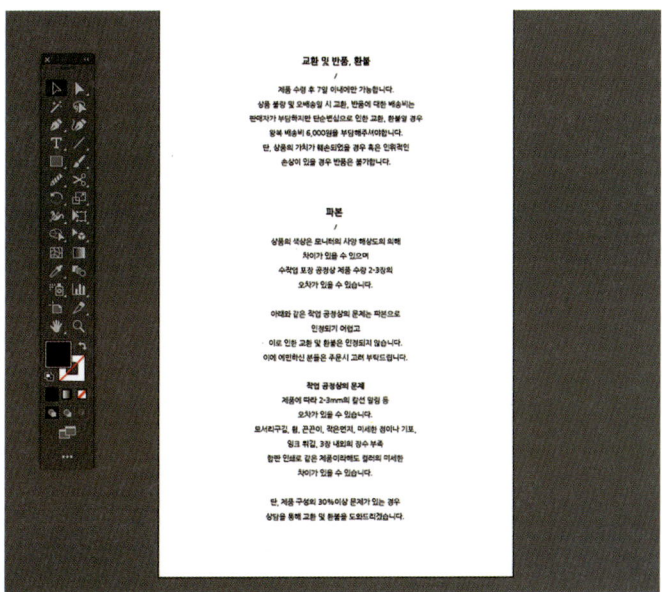

06 상세 페이지 내용을 모두 완성하면 오탈자를 확인합니다. 그리고 [파일] > [내보내기] > [웹용으로 저장]을 눌러 jpg 또는 png 파일로 저장합니다. 이때 품질 옵션이 100%인지 꼭 확인합니다. 저장한 파일을 그대로 자사몰 또는 스마트스토어에 업로드하거나 온라인 입점처에 전달하면 됩니다.

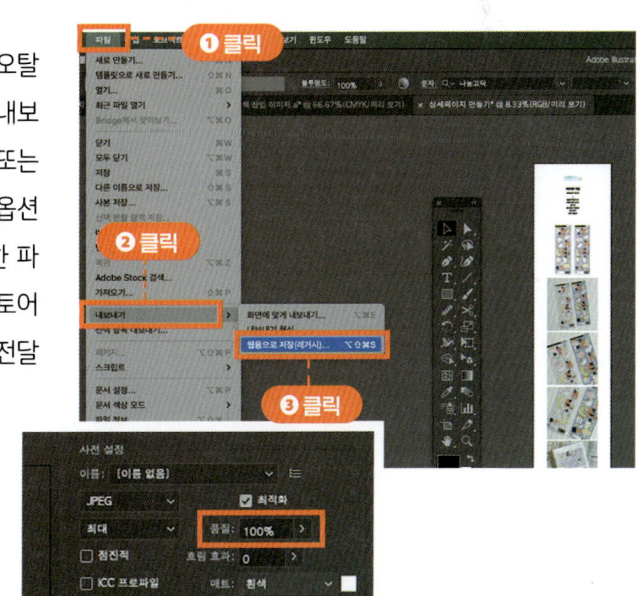

Class 3.

포장하기

굿즈 제작을 완료하고 판매하기 전 제작한 굿즈를 안전하게 포장해야 합니다.
차별화된 포장만으로도 굿즈의 퀄리티가 달라질 수 있습니다. 포장을 너무 가볍게 보지 않도록 합니다.

1 포장 부자재

포장 부자재의 경우 제품 개별 포장에 필요한 부자재와 택배 발송에 필요한 부자재로 나뉩니다.

제품 개별 포장에 필요한 부자재

- **opp봉투** : 접착과 비접착으로 나뉘며 포장할 굿즈의 사이즈보다 큰 사이즈를 선택해야 합니다. 포장할 수량이 1~2장일 경우 2mm 정도 큰 사이즈를 선택하고 포장할 수량이 많거나 메모지와 같이 두께가 있는 제품을 포장하는 경우는 10~20mm 정도 큰 사이즈를 선택합니다.

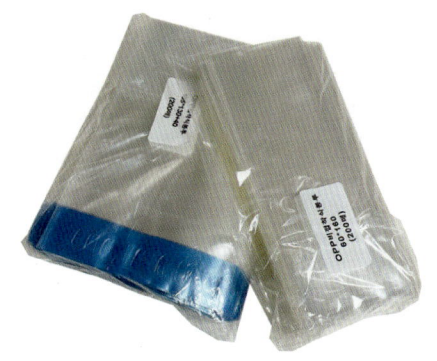

- **뒷대지** : 스티커를 포장하는 경우 뒷대지를 넣어 포장합니다. 뒷대지의 후면에는 보통 바코드와 품질 표시를 넣고, 뒷대지에 스티커와 어울리는 디자인을 인쇄해 제품의 퀄리티를 높여 주기도 합니다.

● **패키지 봉투** : 스티커를 패키지로 구성할 때 포장하기 위한 봉투입니다. 소봉투 인쇄 작업으로 제작하며 봉투 디자인으로 인해 제품의 퀄리티를 높일 수 있습니다.

택배 발송에 필요한 부자재

● **택배 봉투** : 일반 택배 봉투와 에어캡이 내장되어 있는 안전 봉투로 나뉘며 둘의 가격 차이가 꽤 있는 편입니다. 소량의 주문 건을 발송할 때는 택배 봉투에 넣어 발송합니다. 택배 봉투는 배송 시 파손과 분실 위험이 박스보다 높습니다.

● **에어캡** : 안전한 포장을 위해 사용합니다. 필요한 만큼 잘라서 사용하는 롤형과 봉투형이 있으며 봉투형이 편리하지만 가격이 높은 편입니다.

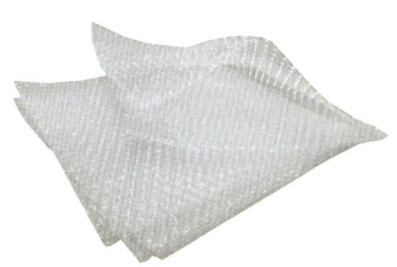

● **박스** : 택배 봉투에 넣어 발송하기 힘든 수량의 주문 건이나 파손 위험이 큰 굿즈는 박스에 넣어 포장해 발송합니다.

2 바코드와 품질 표시

바코드

입점처에서 바코드를 요청하는 경우가 있습니다. 이때, 무료 바코드를 사용할 수도 있지만 공식적으로는 '코리아넷'이라는 사이트에서 입회비와 연회비를 지불하고 발급받아 사용합니다.

품질 표시

상품명, 규격, 무게, 제조원, 판매원, 제조국, 사용 연령 등 등 소비자를 위해 상품의 품질에 대한 정보를 표시하는 것을 품질 표시라고 합니다.

위와 같은 바코드와 품질 표시는 모두 뒷대지에 넣어 인쇄 후 포장하거나 라벨지에 인쇄해 포장된 굿즈에 붙이기도 합니다. 바코드와 품질 표시를 넣어 판매를 할 경우 브랜드의 전문성과 상품에 대한 신뢰도가 높아집니다.

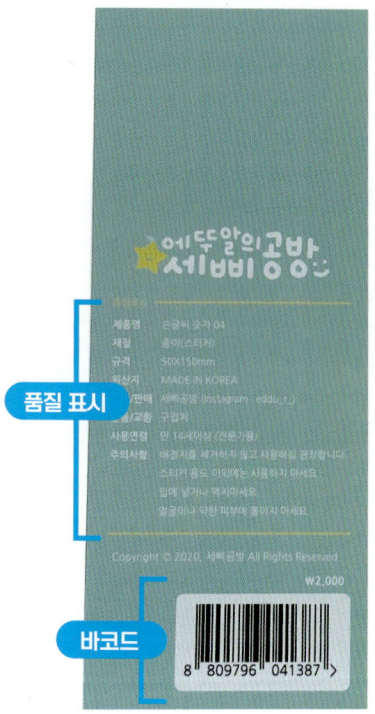

3 뒷대지 만들기

스티커를 구매하면 스티커 아래에 도톰한 종이 한 장이 덧대어 있는 것을 확인할 수 있습니다. 이를 뒷대지라고 부르며 스티커의 바코드를 삽입하거나 품질 표시를 기재하는 용도로 사용합니다. 또, 얇은 스티커 종이가 휘거나 구겨지는 것을 방지하고자 도톰한 뒷대지를 같이 넣어 포장하기도 합니다. 단순히 품질 표시와 바코드 표기를 위한 뒷대지가 아닌 스티커와 어울리게 디자인한 뒷대지로 제품의 퀄리티를 높일 수도 있습니다.

01 일러스트레이터에서 60x185(mm) 사이즈, 사방 도련 2mm의 아트보드를 2개 생성합니다. 이때 스티커의 사이즈는 54x157(mm) 입니다. 뒷대지는 스티커보다 큰 사이즈로 제작합니다.

02 도련 크기에 맞춰 64x189(mm) 사이즈의 사각형을 2개 만듭니다.

03 만들어진 사각형은 2개의 아트보드에 각각 대지를 기준으로 가운데 정렬합니다. 이 사각형들은 앞뒷면의 배경색이 됩니다.

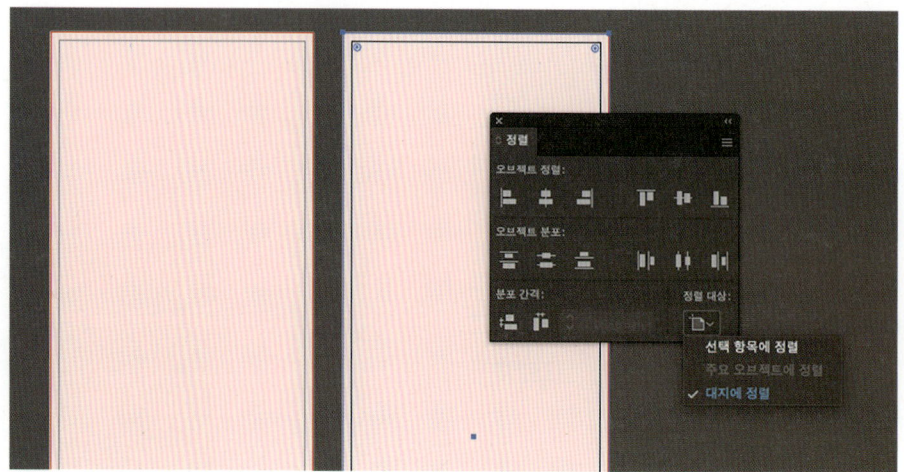

04 앞면 상단에 로고를 넣고 제품명과 가격, 수량 표시를 넣습니다.

05 뒷면에는 바코드와 품질 표시를 넣습니다. 바코드의 크기는 세로 길이가 1cm 이상 되도록 합니다. 너무 작을 경우 바코드 리더기 인식이 불가능할 수 있습니다.

06 작업한 스티커 도안을 가져와 크기를 비교해 봅니다. 비교가 끝나면 스티커 도안은 삭제하고 뒷대지 도안만 저장해 완성합니다.

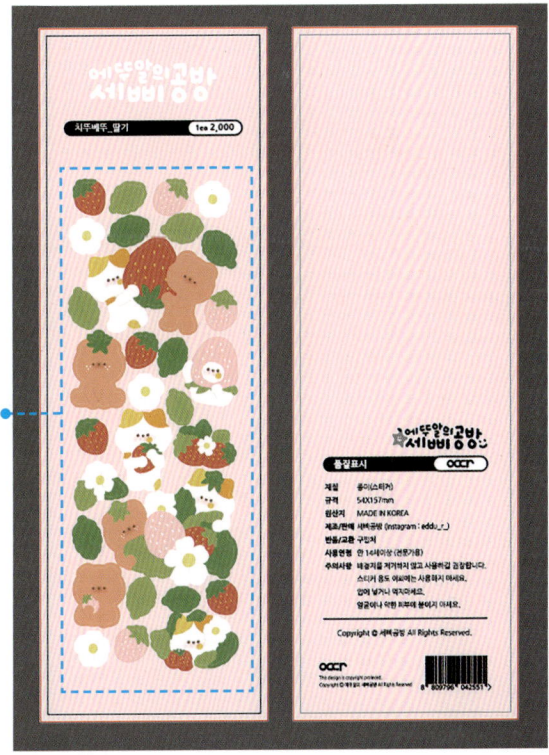

스티커 도안

4 포장 스티커 만들기　Ai

온라인으로 물건을 구매했을 때 택배 박스나 패키지 봉투가 해당 브랜드의 로고 스티커로 꾸며진 것을 종종 볼 수 있습니다. 포장 하나에도 타 브랜드와 차별성을 주기 위해선 내 브랜드의 로고를 스티커로 만들어 사용하면 좋습니다. 포장 박스 자체에 인쇄를 하는 방법도 있지만 최소 제작 수량과 높은 단가 때문에 부담이 될 수 있으니 브랜드 오픈 초반에는 단가가 저렴하고 만들기 쉬운 포장 스티커를 사용하는 것을 추천합니다.

01 일러스트레이터에서 50x50(mm) 사이즈의 아트보드 1개를 생성합니다.

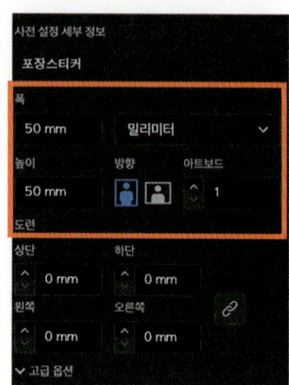

02 레이어를 추가해 인쇄 레이어와 칼선 레이어로 나눕니다.

03 칼선 레이어를 선택한 후 원형 도구로 너비 35mm, 높이 35mm의 원을 그립니다.

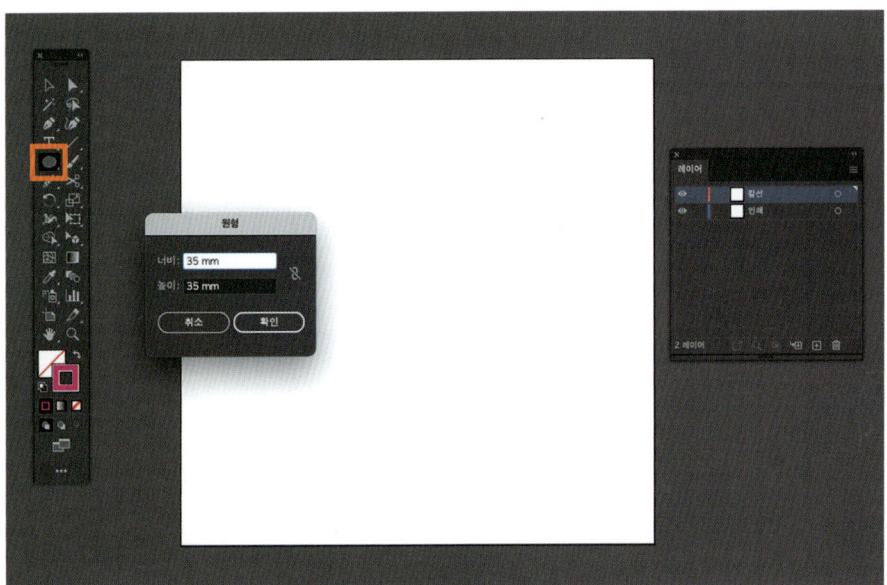

04 원을 그린 칼선 레이어는 움직이지 않도록 잠급니다.

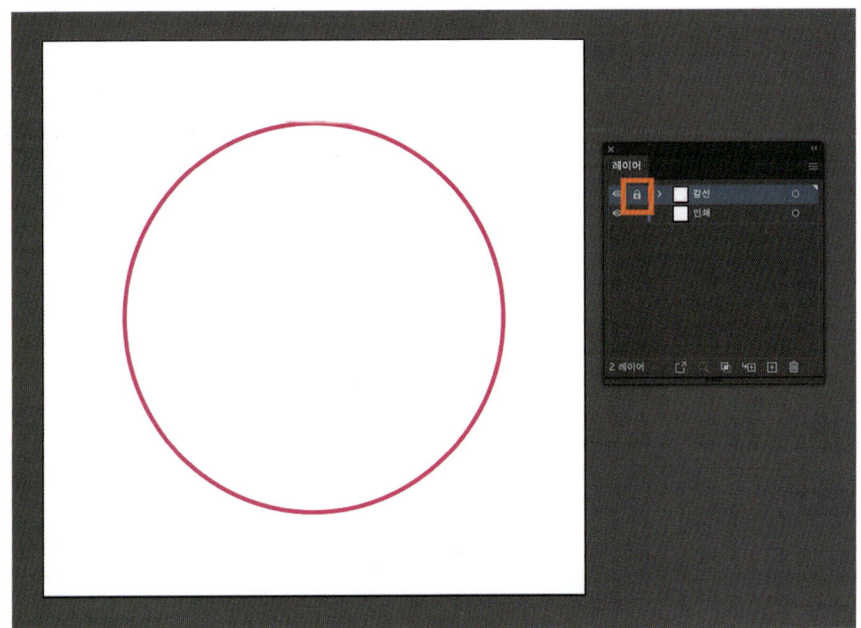

05 인쇄 레이어를 선택한 후 칼선에 여유 2mm를 더한 높이 37mm, 너비 37mm의 원을 그립니다.

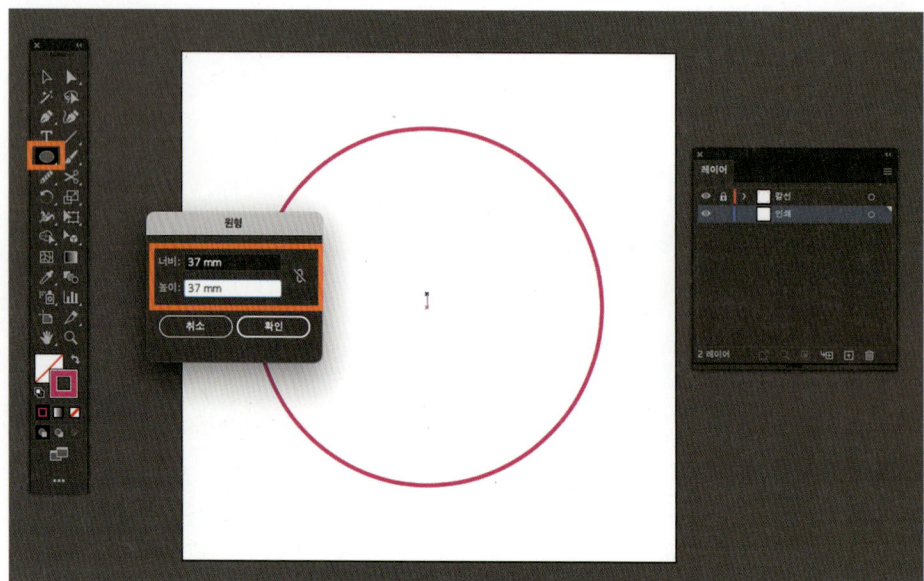

06 원의 색을 바꾸고 가운데 정렬을 합니다. 로고와 감사 문구도 넣습니다.

07 감사 문구를 선택하고 [문자] > [윤곽선 만들기]로 아웃라인을 깹니다. 칼선 레이어 잠금을 해제한 후 저장하면 완성입니다. 포장 스티커는 만들기 간단하며 제작 단가가 저렴합니다. 쉽게 제작해서 포장한 택배 박스나 택배 봉투에 하나씩 붙여 발송해 봅시다.

홍보하기

제작, 판매 채널 선정, 포장이 모두 끝나고 가만히 앉아 있는다고 판매로 이어지지 않습니다.
이제 마지막 단계인 홍보를 해야 합니다. 내 브랜드를 어필하고 제품을 소개하는
다양한 홍보를 통해 브랜드를 키워 봅시다.

1 인스타그램

가장 시작하기 쉽고 접근성이 좋은 SNS 홍보 수단 중 하나인 인스타그램. 많은 작가님들이 인스타그램을 사용하고 있습니다. 저 또한 인스타그램 활동을 꾸준히 하고 있습니다. 제가 겪었던 인스타그램 계정의 성장 팁을 알려 드리겠습니다.

먼저 인스타그램의 계정을 생성합니다. 계정 아이디는 브랜드 이름과 맞게 정합니다. 그리고 계정 프로필에는 브랜드를 소개하는 글이나 짧은 공지를 적습니다. 프로필 사진은 브랜드 로고 또는 브랜드의 대표 캐릭터로 설정합니다. 나를 나타낼 수 있는 그림으로 설정해도 좋습니다.

'에뚜알의 세삐공방' 인스타그램 계정

계정을 생성하고 나면 이제는 게시물 업로드를 해야 합니다. 이때, 내 인스타그램 피드의 콘셉트를 정한 후 콘셉트에 맞춰 게시물들을 업로드합니다. 에뚜알 계정의 경우 '다꾸러가 다꾸러를 위한'이 콘셉트인 만큼 직접 다이어리 꾸미기를 하는 영상이나 다이어리 꾸미기 사진을 위주로 게시물 업로드를 합니다. 아래 사진과 같이 게시물이 통일성 있으면 좋습니다. 피드 게시글들의 콘셉트가 뒤죽박죽으로 통일성 없이 업로드된 경우보다 비교적 깔끔해 보여서 퀄리티가 높아 보입니다. 단, 너무 통일성에만 집중하다 보면 피드가 지루해질 수 있으니 유의합니다.

굿즈를 사용하는 모습을 사진이 아닌 영상으로 보여 줌으로써 볼거리가 다양해집니다. 다양한 볼거리는 사람들의 관심을 더 많이 받을 수 있습니다. 그래서 영상 업로드의 비중이 높을수록 좋습니다.

계정을 만들고 콘셉트를 정한 후 업로드를 시작하면 계정의 성장을 위해 많이 노력해야 합니다. 이때 필요한 것은 '꾸준함'입니다. 인스타그램의 알고리즘 시스템은 내 계정을 홍보하고 노출할 수 있는 시스템으로, 이 알고리즘을 이용하려면 꾸준하게 게시물 업로드를 하는 것이 가장 좋은 방법입니다.

에뚜알 계정 또한 첫 생성 이후 1년 동안 매일 다이어리 꾸미기 영상과 사진을 업로드했습니다. 이렇게 업로드하면서 타 계정들과 비교 분석을 합니다. 내 계정의 부족함을 찾아보고 다양한 시도를 하며 계정을 성장시켜 나갑니다.

인스타그램 뿐만 아니라 다양한 SNS에 도전해 보세요. 주변 지인들만 보더라도 인스타그램을 하지 않는 사람들이 꽤 있을 것입니다. 브랜드가 많이 노출되기 위해서는 다양한 SNS 활동이 중요합니다.

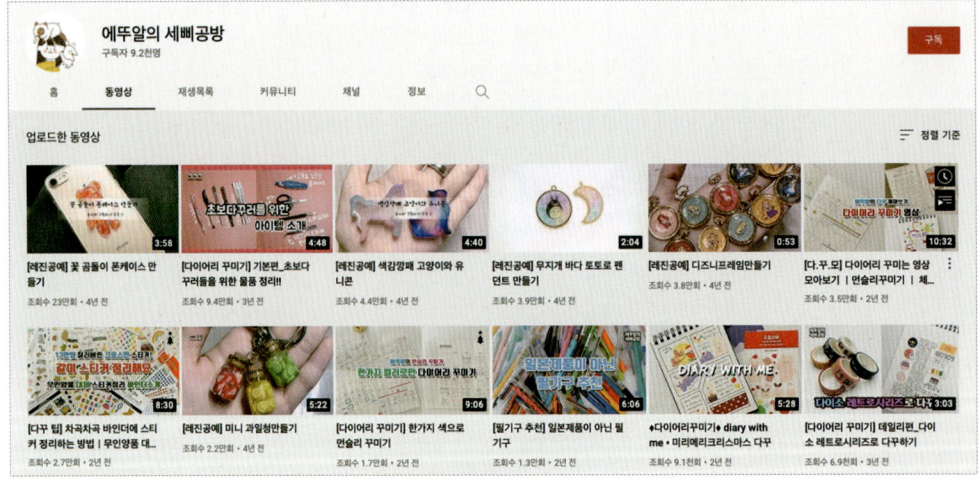

유튜브 에뚜알 채널

내가 만든 굿즈를 홍보하기에는 내가 직접 다양하게 사용하는 모습을 보여 주는 것만큼 좋은 것은 없습니다. 다양한 활용 모습을 사진 또는 영상으로 담아 업로드를 시작해 보세요!

2 이벤트

다양한 이벤트는 일시적으로 고객을 끌어모으기 좋은 홍보 방법입니다. SNS를 통한 팔로워 이벤트와 사이트에서 진행하는 후기 이벤트가 보편적으로 많이 진행하는 이벤트입니다. 이벤트는 오픈 기간 동안 일시적으로 반짝 주목받을 수 있습니다. 때문에 브랜드가 성장해 나갈 때 오는 성장 정체 구간이나 브랜드를 만든 초창기에 이벤트를 진행하는 것을 추천합니다.

인스타그램에서 진행한 이벤트

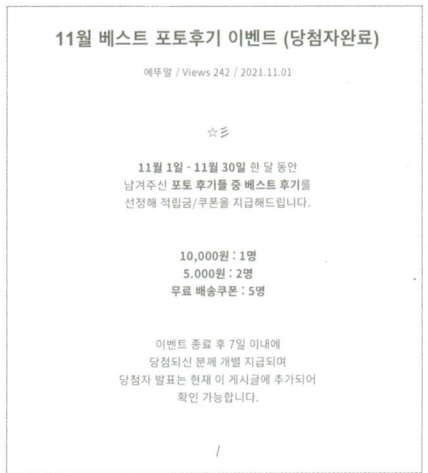

공식 홈페이지에서 진행한 리뷰 이벤트

TIP : 너무 잦은 이벤트는 오히려 독이 될 수 있으니 주의합니다.

3 유료 홍보

일정한 비용을 지불하고 진행하는 홍보 방식도 있습니다. SNS 자체에 소액으로 진행하는 광고도 있고 검색 노출 광고도 있습니다. 금액을 지불하는 광고는 반드시 약관을 살펴본 후 진행합니다. 자칫 큰 금액으로 번질 수 있습니다.

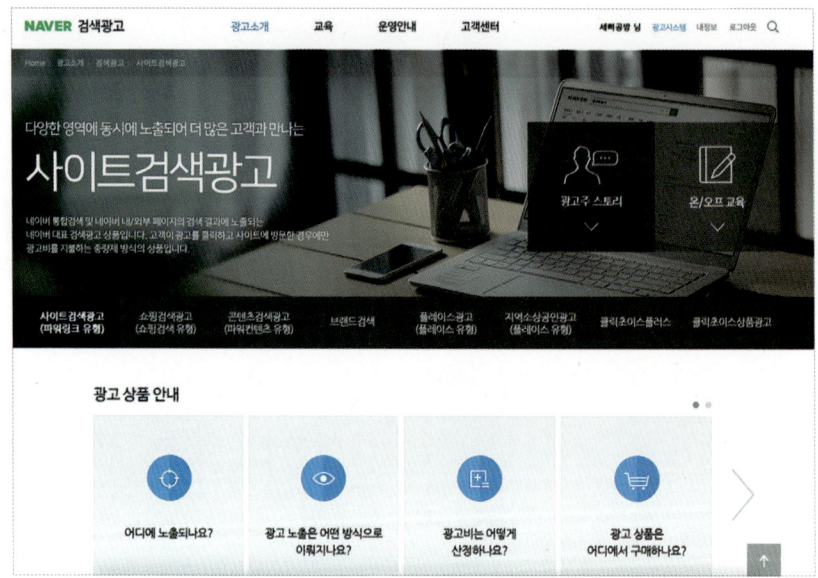

네이버 검색 광고

인스타그램 유료 광고

업체에서 진행해 주는 광고가 아닌 서포터즈 또는 협찬 홍보도 있습니다. 인플루언서에게 소정의 원고비를 지불하거나 제품을 협찬해 진행하는 유료 홍보입니다. 판매를 시작하는 초창기에는 다양한 사람들에게 노출되는 것이 가장 중요하므로 제품 협찬 홍보를 추천합니다.

> eddu_r_ 이번 마켓 신상 "퐁퐁라인"으로 꾸며본 폴꾸 😚 저는 폴꾸가 너무 어렵더라구요 😭
>
> 그래서 준비한 ‼️ 폴꾸러를 찾습니다 ‼️
> 다양한 에뚜알 제품들을 이용해 폴꾸를 해주실 뚜룽지를 찾는 이벤트입니다 😌 당첨되신 분들께는 5만원 상당의 에뚜알 제품들을 보내드리며 받으신 제품으로 자유롭게 폴꾸를 해주신 후 인스타그램 피드에 올려주시면 됩니다! 🧡
>
> 참여방법 ➡️ 이 게시글에 댓글로 "참여합니다" 만 남겨주시면 됩니다 🙏
>
> 비공개 계정만 아니시면 누구나 참여 가능하구요~ 피드에 올리신 사진은 에뚜알 계정 피드에도 업로드 예정이니 참고해주세요 >‿◉
>
> 당첨자 분들께는 11일까지 개별 디엠 보내드릴 예정이며 많은 참여 부탁드려요 🐶

제품 협찬 홍보 중 하나인 SNS 서포터즈를 구하는 인스타그램 게시글

> **TIP** : 제품 협찬 홍보의 경우 직접 인플루언서들에게 연락해 제안을 해야 합니다. 이때, 아예 무시당하거나 거절당할 수도 있으나 너무 주눅들지 마세요.

굿즈 제작부터 판매, 포장까지 차근차근 따라 해 본 지금, 어떠신가요? 굿즈 판매를 하는 것은 대단하고 거창한 것이 아닙니다. 열정만 있다면 누구나 도전할 수 있습니다. 여러분의 열정을 항상 응원합니다!

굿즈 만들기에 자주 사용되는
단축키

> 기억해 두면 작업할 때 편해!

일러스트레이터		포토샵	
파일		**파일**	
새 파일 만들기	Ctrl + N	새 파일 만들기	Ctrl + N
열기	Ctrl + O	불러오기	Ctrl + O
저장하기	Ctrl + S	저장하기	Ctrl + S
다른 이름으로 저장	Ctrl + Shift + S	다른 이름으로 저장	Ctrl + Shift + S
편집		**편집**	
실행 취소	Ctrl + Z	실행 취소	Ctrl + Z
이전 단계 되돌리기	Ctrl + Shift + Z	이전 단계 되돌리기	Ctrl + Shift + Z
복사	Ctrl + C	복사	Ctrl + C
붙여 넣기	Ctrl + V	붙여 넣기	Ctrl + V
제자리에 붙여 넣기	Ctrl + Shift + V	변형하기	Ctrl + T
오브젝트		**이미지**	
작업 반복하기	Ctrl +D	레벨	Ctrl + L
그룹	Ctrl + G	곡선	Ctrl + M
그룹 해제	Ctrl + Shift + G	색조/채도	Ctrl + U
앞으로 가져오기	Ctrl +]	반전	Ctrl + I
뒤로 보내기	Ctrl + [	**레이어**	
맨 앞으로 가져오기	Ctrl + Shift +]	새 레이어 만들기	Ctrl + Shift + N
맨 뒤로 보내기	Ctrl + Shift + [	레이어 복제	Ctrl + J
문자/선택		그룹 만들기	Ctrl + G
글자 아웃라인	Ctrl + Shift + O	그룹 해제	Ctrl + Shift + G
전체 선택	Ctrl + A	레이어 합치기	Ctrl + E
선택 잠금	Ctrl + 2	**선택**	
선택 잠금 해제	Ctrl + Alt + 2	전체 선택	Ctrl + A
		선택 해제	Ctrl + D
		선택 영역의 반전	Ctrl + Shift + I

※단축키는 윈도우를 기준으로 작성되었습니다.